U1075906

感谢国家自然科学基金面上项目“中国渐进式询价制度改革下的IPO定价与新股配售研究”(项目号：71472085)、国家自然科学基金面上项目“融资融券非对称交易行为及其影响研究——基于投资者信用账户数据”(项目号：71672081)的资助。

# 渐进式询价制度改革下的IPO定价与财富分配研究

俞红海 著

南京大学出版社

**图书在版编目(CIP)数据**

渐进式询价制度改革下的IPO定价与财富分配研究 / 俞红海著. 一 南京 ：南京大学出版社，2017.10
(南京大学工程管理学院文库)
ISBN 978-7-305-19522-8

Ⅰ. ①渐… Ⅱ. ①俞… Ⅲ. ①股票市场一研究一中国 Ⅳ. ①F832.51

中国版本图书馆CIP数据核字(2017)第255281号

出版发行 南京大学出版社
社　　址 南京市汉口路22号　　　邮　编 210093
出 版 人 金鑫荣

丛 书 名 南京大学工程管理学院文库
**书　　名 渐进式询价制度改革下的IPO定价与财富分配研究**
著　　者 俞红海
责任编辑 唐甜甜　　　编辑热线 025-83594087

照　　排 南京南琳图文制作有限公司
印　　刷 江苏凤凰数码印务有限公司
开　　本 710×1000 1/16 印张 11.5 字数 170千
版　　次 2017年10月第1版 2017年10月第1次印刷
ISBN 978-7-305-19522-8
定　　价 49.80元

网址：http://www.njupco.com
官方微博：http://weibo.com/njupco
官方微信号：njupress
销售咨询热线：(025) 83594756

* 版权所有，侵权必究
* 凡购买南大版图书，如有印装质量问题，请与所购图书销售部门联系调换

# 前　言

回顾历史，中国股票市场历经近30年的改革与发展，已成长为世界第二大股票市场，对中国经济的高速增长起到了举足轻重的作用。展望未来，正在召开的党的十九大明确提出，要“深化金融体制改革，增强金融服务实体经济能力，提高直接融资比重，促进多层次资本市场健康发展”，这为中国股票市场进一步发展绘制了宏伟蓝图。我们在看到中国股票市场历史成就与未来机遇的同时，也需要清醒地意识到，当前股票市场问题重重，改革已经进入到深水区。其中，一个非常核心的问题是企业上市过程中的IPO定价与新股配售问题。IPO如何定价？定价效率如何衡量？新股配售是否合理公平？如何科学评估IPO改革成效？如何更好地推进询价制度改革？这些问题的思考和研究具有重要理论和实践意义。

回顾IPO定价领域的研究，由于数据可得性限制等诸多原因，目前国内学者普遍基于企业IPO后的市场表现，来刻画IPO市场定价效率，并分析背后的原因。这些研究对于我们理解和认识中国股票市场起到了很好的作用，但同时也需要看到，这些研究将IPO定价看作“黑箱”，从IPO后的市场表现来推断IPO定价效率，缺乏对IPO定价过程的直接刻画与分析。本书则将研究视角前移，关注的焦点从IPO发行上市后的首日市场表现，前移到发行上市前的机构投资者报价、IPO定价和新股配售。具体研究中，我们基于行为金融学理论框架，结合IPO询价制度推出及此后六次渐进改革的历史场景，并利用第二次询价制度改革后的投资者报价信息披露，从投资者微观行为角度，系统研究IPO定价与新股配售过程，打开IPO定价黑箱，科学评估询价制度改革成效，并针对性提出政策建议。

本书的主要内容如下：针对询价制度改革过程中的机构投资者报价行为、报价策略与IPO定价，分析历次改革尤其是第四次改革引入新股自主配售机制对机构投资者行为的影响，并对 IPO 首日高回报、IPO“三高”以及 IPO 新股破发等询价机制改革过程中先后出现的问题提供理论解释；从投资者之间财富分配角度，系统思考和评估已有的六次询价制度改革的政策效应，揭示当前改革过程中存在的问题和不足；同时进一步将视角前移，研究企业 IPO 前私募股权突击入股问题，分析其对企业 IPO 后业绩“变脸”的影响；此外，基于投资者账户数据，从投资者意见分歧与投资者情绪两个维度，揭示中国市场企业上市后“IPO 之谜”背后的行为因素。

在本书研究过程中，得到了国家自然科学基金项目“中国渐进式询价制度改革下的 IPO 定价与新股配售研究”(71472085)和“融资融券非对称交易行为及其影响研究——基于投资者信用账户数据”(71672081)的资助，在此表示感谢！同时，本书的部分内容曾发表在《管理科学学报》《金融研究》和《珞珈管理评论》等学术期刊上，感谢这些期刊给予的发表机会及审稿专家的评审意见。此外，在本书撰写过程中，我指导的研究生蒋振凯、杜艳琪、徐警和熊程，以及本科生黄韵钰、韦倩静和葛飘等，在基础数据收集整理、相关文献梳理等方面作了非常出色的助理工作，在此一并感谢！还要感谢责任编辑南京大学出版社唐甜甜为本书出版付出的时间和精力，她认真、细致的工作使本书增色不少。

因本人学识和精力所限，加之中国市场 IPO 改革过于频繁，本书对一些 IPO 现象背后的理论机制尚缺乏系统深入的分析和研究，同时研究中还存在一些不尽如人意甚至纰漏之处，在此请读者不吝赐教！

俞红海

2017 年 10 月于南京大学

# 目　　录

# 表目录

# 图目录

# 第一章　导　论

## 一、研究背景和问题的提出

自 2005 年中国股票市场新股发行实行询价制度以来，IPO 定价过程中出现的各种问题一直是理论界和学术界关注的焦点。尽管证监会从 2009 年到 2015 年先后进行了六轮改革，以对这一定价制度加以完善，但是在改革的过程中往往顾此失彼，按下葫芦浮起瓢，在解决老问题的同时带来新问题。例如，2009 年第一次改革在解决首日超高回报问题的同时，却引发了高发行价、高市盈率和高超募资金所谓 IPO“三高”问题；而 2012 年第三次改革在抑制 IPO“三高”的同时，却重新带来了 IPO 首日超高回报问题。

对此，证监会于 2013 年 11 月 30 日颁布《关于进一步推进新股发行体制改革的意见》，推行第四次询价制度改革，提出在新股发行过程中给予承销商新股自主配售权、实行存量股发行转让、设置新股上市首日涨跌幅等创新举措。然而 2014 年 1～2 月 IPO 新政实施以后，在首批上市的 48 只新股中，却出现了新的问题，其中较为突出的是存量股发行政策导致老股超高量减持，这和发行过程中的高市盈率、高发行价形成了 IPO“新三高”问题。例如，江苏奥赛康公司公布的发行价格为 72.99 元，公开发行 5 546.6 万股，其中老股转让部分占 4 360.35 万股。按照该发行价格，公司发行筹资净额仅为 7.9 亿元，但老股转让套现额却高达近 32 亿元。另外，新股自主配售制度的引入会导致承销商可能的利益输送，因而广受诟病，其中我武生物因新股配售方案过于向个别机构和个人倾斜而遭证监会调查。此外，首日涨跌幅的设置导致多数新股刚开盘即遭爆炒而“秒停”，首日整个交易时间往往仅有 3 分 2 秒（盘中两次秒停，收盘前三分钟撮合成交），其中 43 只新股因涨幅达到或超过 44%而封死在涨停板上[①]。针对这一现象，新华社于 2014 年 1 月 13 日连发七文追问新股发行为何状况频出。2014 年 3 月，证监会又进行了第五轮改革，取消了新股自主配售机制；2015 年 12 月，进行了第六轮改革，取消了新股申购过程中的预缴款要求。然而迄今为止，IPO 过程中问题依然不断。

面对 IPO 过程中层出不穷的问题，那么我们要问：中国特色 IPO 询价制度及系列渐进式改革背后的问题究竟是什么？询价制度改革的目标和路径究竟应该是什么？这一询价制度及其改革下的 IPO 是如何进行定价的，如何打开 IPO 定价“黑箱”？我们应该如何更好地落实“十八届三中全会”精神，提高 IPO 定价效率、优化资本市场资源配置？对这些问题的思考和研究，有利于我们更好地做好 IPO 发行定价制度改革的顶层设计，而不是实行头痛医头、脚痛医脚顾此失彼式的改革；同时也有利于证监会更好地贯彻执行公平、公正、公开的“三公”原则，改进 IPO 利益相关方之间财富分配的公平性。

简要回顾当前中国市场 IPO 的相关研究，国内学者主要围绕 IPO 首日超高投资回报问题，分别从一级市场“抑价”（郭宏等，2006；朱红军等，2010；陈工孟等，2011；田利辉等，2013），以及二级市场“溢价”（刘熠辉等，2005；韩立岩等，2007；张小成等，2011；邹高峰等，2012）两方面进行了系统研究，这些文献在帮助我们理解中国市场 IPO 现象、推动 IPO 发行机制改革方面起到了非常重要的作用。但笔者认为，这些研究主要集中在 IPO 上市后的市场表现，普遍将 IPO 上市前的定价过程视作一个“黑箱”，没有考虑 IPO 定价机制和定价过程。也有部分学者开始将目光投向 IPO 询价制度及其改革（周孝华等，2009；贺炎林等，2011；刘志远等，2011a，2011b；张峥等，2012），对 IPO 定价过程进行了初步的研究和剖析，并得出了较有意义的结论。但总体来说，笔者认为这些文献在揭示中国市场 IPO 定价机制、解释 IPO 市场异象方面还存在较大不足，在理论上更多地直接借鉴英美市场的

① 上海证券交易所规定新股发行首日的涨幅不得超过发行价的 44%，而深圳证券交易所因临时停牌制度的动态设置而导致新股上市首日最高涨幅可能超过 44%。

研究框架，并未充分考虑到中国市场询价制度及其渐进式改革的“中国特色”，在实证上由于数据可得性限制等原因，普遍未能从 IPO 询价过程利益相关者角度，对询价报价过程进行全面系统的研究。此外，2013 年 11 月实行的第四次询价制度改革，对原有发行机制做出了重大变革，例如引入承销商新股自主配售权，老股东存量股转让，定价过程中剔除最高报价等。这些均是之前的研究中从未涉及的问题，同时，这些措施在具体实施中带来了诸多问题，因此迫切需要在学术上加以探讨和研究，并针对性地提出修改完善的相关政策建议。

与此同时，中国渐进式的新股发行机制改革所形成的独特自然实验，为我们研究 IPO 询价制度一般理论、解决现有文献中存在的争议、揭开 IPO 定价黑箱提供了很好的机会。在国外市场上，部分学者在理论上对新股定价中的拍卖、询价等机制进行了探讨（Benveniste and Spindt，1989；Sherman and Titman，2002；Sherman，2005 等），同时也有少数学者利用单个承销商提供的机构询价数据进行了实证研究（Aggarwal et al.，2002；Cornelli and Goldreich，2001，2003；Jenkionson and Jones，2004）。但总体来说，由于国外市场机构投资者报价申购数据无须对外公开，相关研究无法利用大样本数据进行更深入细致的研究，同时上述研究无法很好克服内生性问题。而中国市场随着 2010 年 10 月第二次询价制度改革的推行，要求披露机构投资者详细的报价申购信息，为我们揭开 IPO 定价黑箱提供了独特的研究机会，特别是 2013 年 11 月推行的第四次改革，引入承销商新股自主配售权，这为我们研究新股配售权在 IPO 询价中发挥的作用提供了很好的契机。在这个研究过程中，渐进式改革形成的独特自然实验，可以较好克服内生性问题，论证并发展相关理论。

本书在国内外现有研究基础上，将关注的焦点从 IPO 发行上市后的首日市场表现，前移到发行上市前的机构投资者报价、IPO 定价和新股配售。在具体研究过程中，结合 IPO 询价制度及其渐进式改革，在充分考虑 IPO 利益相关方利益冲突与协调基础上（包括发行人、承销商、参与网下申购配售的机构投资者以及参与“打新”“炒新”个人投资者），对中国渐进式新股询价制度改革下的 IPO 定价机制与新股配售进行全面系统的研究和分析。

本书研究的理论意义在于:将 IPO 研究的视角从发行上市后的市场表现,前移到发行上市前的 IPO 估值、询价、定价和配售过程,分析 IPO 利益相关方在定价过程中的利益冲突与协调,剖析中国特色询价制度及其渐进式改革下的 IPO 定价机制,揭开中国市场 IPO 定价黑箱,并为询价制度推行以来出现的各种 IPO 市场异象提供系统的理论解释。同时也利用中国渐进式制度改革形成的独特自然实验,在克服内生性问题基础上,进一步论证和发展现有 IPO 询价制度的一般理论。

本书研究的实践意义在于:对中国特色询价制度及其改革效应进行更为科学的量化评估,并从 IPO 利益相关方行为角度,揭示当前询价制度渐进式改革过程中存在的问题和不足,在此基础上针对性提出下一步询价制度改革的政策建议。

## 二、研究思路、主要内容和研究框架

本书研究思路为:将 IPO 定价机制的研究视角前移,结合中国市场询价制度渐进式改革历程,基于行为金融学理论框架,系统研究询价过程中机构投资者报价、承销商和发行人定价以及新股配售过程。此外,还进一步将时间窗口前移,研究公司 IPO 前的私募股权突击入股问题,同时也将时间窗口后移,结合二级市场投资者投机炒作现象,从投资者情绪和意见分歧两个角度,系统研究中国市场企业 IPO 后的市场表现。

研究的主要内容包括:针对第一次询价制度改革后出现的 IPO“三高”问题,从机构投资者报价策略改变的角度探究 IPO“三高”背后的根源;针对第一次改革和第二次改革,分析改革对机构投资者报价策略的影响,以及由此产生的对 IPO 定价和新股配售的影响,以及财富分配的影响;结合第四次询价制度改革,针对 IPO 过程中新股自主配售机制的引入,研究新股配售对 IPO 定价产生的影响;在此基础上,进一步针对 2009 年 6 月至 2015 年 12 月以来的六次询价制度改革,基于 Sloan(2015)的思路,系统研究询价制度改革对发行人和外部投资者之间财富分配的影响。此外,我们也考虑了公司上市前,私募股权突击入股对上市公司 IPO 前后的影响。最后,我们结合 IPO 后二级市场投资者的投机炒作现象,分析投资者情绪和投资者意见分歧对中国股票市场“IPO之谜”产生的影响。

## 三、研究的改进与主要创新

本书对已有研究的改进之处在于，将IPO研究视角前移，从关注IPO后的首日回报和长期表现，前移到新股上市交易前IPO询价、定价过程，从投资者报价、发行人和承销商定价及新股配售角度，打开IPO定价黑箱。本书的主要特色在于：将IPO问题的研究视角前移，围绕IPO定价过程，从承销商估值、机构投资者报价申购、发行人与承销商定价与新股配售、个人投资者“打新”与“炒新”等角度，系统研究中国特色询价制度及其改革下的IPO定价机制、揭开IPO定价黑箱，并以此来解释中国市场IPO异象及渐进式询价制度改革带来的影响。

本书研究的创新之处主要有以下几点：

第一，基于行为金融学理论框架，从IPO利益相关方之间利益冲突和协调角度，研究IPO定价机制与定价过程，从而揭开中国特色询价制度及其改革下IPO定价黑箱。

第二，从IPO发行价格产生过程、比较基准选择与IPO相对定价，以及发行上市后的价格稳定性等多个维度，提出更为科学的IPO定价效率评估方法和指标。

第三，利用机构投资者详细报价申购数据，深入剖析IPO询价过程中机构投资者报价行为与报价策略，从机构行为角度为中国市场系列IPO异象提供理论解释。

第四，基于渐进式改革形成的独特自然实验，采用双重差分方法，在克服内生性问题基础上，为承销商新股自主配售权研究中的国际争议提供中国证据，并进一步论证和发展现有IPO询价研究的一般理论。

# 第二章　制度背景与文献评述

为便于读者更加系统地理解中国特色IPO询价制度及其历次改革进程，本章首先从“询价与定价”“申购与配售”两个维度对中国市场IPO询价制度渐进式改革进行系统梳理。在此基础上，围绕IPO定价，从IPO询价机制、IPO拍卖定价机制，以及各类IPO定价机制优劣的比较三个方面，对国外学者此领域的相关文献进行系统回顾与总结。此外，考虑到中国市场IPO领域关注焦点的差异，笔者专门就中国市场IPO研究进行梳理与评述。

## 一、制度背景：中国特色IPO询价制度及其渐进式改革

2005年1月1日，中国证监会对中国股票市场新股发行体制实施市场化改革，推行有中国特色的询价制度，标志着中国新股发行市场化改革迈出了关键性的一步。所谓询价(book-building)制度，是指在IPO发行过程中，承销商和发行人通过向投资者询价，并利用询价建立的投资者报价指令簿来确定发行价格，然后承销商利用其新股自主配售权，用确定的发行价格向参与申购的投资者配售(Jagannathan et al., 2010)。询价过程涉及发行人、投资者和承销商三方，本质上是承销商邀请投资者参与询价，有效收集和识别投资者报价行为蕴含的信息，并对新股进行合理定价和配售的过程。

回顾2005年以来中国特色IPO询价制度的实施过程，该定价机制的实施效果似乎并不如证监会初衷，其中早期最突出的问题是IPO首日超高回报问题，并且这一回报几乎是无风险的。对此，为了进一步健全新股发行体制、提高效率，证监会于2009年开始推行询价制度改革，对这一制度进行

完善。新股发行体制改革到目前为止分为六个阶段。第一阶段以2009年6月10日证监会公布的《关于进一步改革和完善新股发行体制的指导意见》为标志。这一改革作为询价制度改革的第一阶段，意在突出市场化改革方向，淡化行政指导，取消窗口指导①，即监管机构不再对发行人和保荐机构在询价基础上确定的发行价格进行窗口指导，监管机构不再对询价结果进行监管，而只是对询价过程是否合法进行监管，从而更好地发挥询价机制作用，目的是为新股确定合理发行价格，降低新股上市首日溢价率。

此次改革的确在一定程度上抑制了新股溢价率，但其后形成的IPO"三高"现象，却引起了新的争议。其中2010年4月份的IPO股票月度平均发行价格高达46.50元，该月上市的海普瑞每股发行价高达148元，其全面摊薄的市盈率超过70倍。2009年6月至2010年9月期间，IPO平均超募比例高达141.63%，平均市盈率则高达53.81倍。对此，2010年10月12日中国证监会推行了第二阶段改革，将发行体制改革向纵深推进。此次改革主要是在2009年改革的基础上对各个发行环节的规范性要求进行细化，包括：合理设定每笔网下配售的数量，以促进询价对象认真对待报价，对发行价格以上的入围报价进行配售，若入围机构较多则采取摇号配售；扩大询价对象范围，充实网下机构投资者；完善回拨机制和中止发行机制等。然而，上述措施似乎并未能有效降低IPO"三高"问题。

对此，证监会于2012年4月28日实施了第三次改革，直接对新股发行市盈率进行限制，提出"根据询价结果确定的发行价格市盈率高于同行业上市公司平均市盈率25%的，发行人应召开董事会，分析讨论定价的合理性因素和风险性因素，并做好补充信息披露，证监会综合考虑补充披露信息等相关情况后，可要求发行人及承销商重新询价。"第三次改革通过行政化方式有效抑制了IPO"三高"问题，然而却再次带来了IPO首日超额回报问题，其中浙江世宝在上市首日回报高达626.7%。

---

① 窗口指导包括：① 30倍市盈率；② 最终定价不得低于参与报价的全部机构投资者报价的中值、平均值和其中基金投资者报价单中值、平均值；③ 募集资金数额若超过此前招股说明书中列明所需资金总额，则需降低发行股数或其他方式调整；④ A+H型新股发行，则A股定价不得超过H股市场价等。

此后，在十八届三中全会提出的“新股发行推行注册制改革”的战略方向指引下，证监会于2013年11月30日推行了第四次询价制度改革。此次改革引入主承销商自主配售机制，提出“网下发行的股票，由主承销商在提供有效报价的投资者中自主选择投资者进行配售”，此外为加强对“炒新”行为的约束，建立以新股发行价为比较基准的上市首日停牌机制。然而此次改革实施后，首批上市的48只新股却出现了新的问题，并引发了IPO暂停。例如：存量股发行政策导致的老股超高量减持，其中奥赛康总发行5 546.6万股，而控股股东转让老股占比达78.61%，发行募资总额40.5亿元，但发行筹资净额仅为7.94亿元，最终发行人和保荐机构及主承销商经协商决定暂缓发行；而新股自主配售制度的引入因导致承销商可能的利益输送而广受诟病，其中2014年1月上市的我武生物因新股配售方案过于向个别的机构和个人倾斜而遭证监会调查；首日涨跌幅的设置则导致多数新股刚开盘即遭爆炒而“秒停”，例如，2014年2月上市的晶方科技上市首日开盘即“秒停”，截至当日收盘报价为27.59元/股，大涨44%。

为此，仅隔半年不到，证监会又于2014年3月21号出台了《关于加强新股发行监管的措施》，对询价制度进行第五次改革，对发行人和承销商的询价、定价过程及发行价格进行了限定，但也只在一定程度上遏制了老股超高减持的问题，新股连续涨停等问题并未得到有效解决。

此后，2015年12月30日，证监会进行第六次询价制度改革，再次对新股发行制度进一步改革完善。这次改革的核心是，证监会取消了现行的新股申购预先缴款制度，将申购时预先缴款改为确定配售数量后再进行缴款。简单来说就是“先上车后补票”，投资者不必按照市值配售打新的足量资金在股票账户中，资金也不会被提前冻结，可在新股中签后再付款，实现“满仓打新”。根据Wind数据库统计显示，相比2015年，2016年新股发行数量同比上升10.27%，但募集资金总额仅同比上升2.66%，尤其值得注意的是，2016年单家公司的IPO募资并不高，平均每家公司IPO募资规模为6.55亿元，其中首发募资超百亿元的仅上海银行，达106.7亿元。此次改革虽然在一定程度上抑制了高超募率，但是2016年10月24日上市的海天精工股价暴涨再度引发市场对新股问题的高度关注。

为便于比较分析，我们梳理了历次改革的时间轴，见图 2－1。然后，从“询价与定价”“申购与配售”两个维度，对 2005 年推出 IPO 询价制度以来的六次询价制度改革的主要措施进行了系统归纳整理，具体见本章附录。

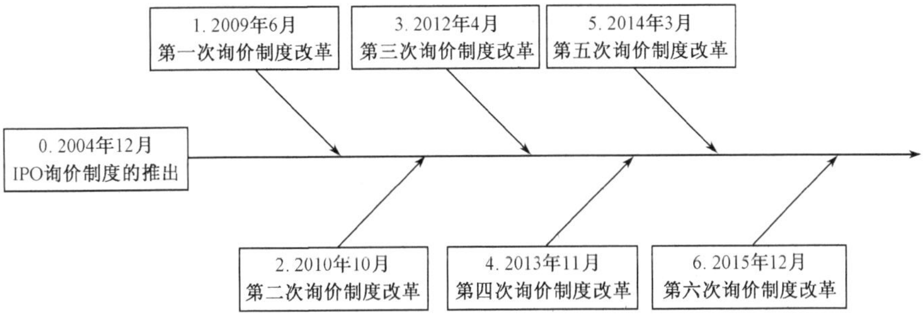


**图 2－1　IPO 渐进式询价制度改革历程图**

回顾上述中国新股发行机制的改革历程，改革进程共分为六个阶段。其中，2009 年的改革作为询价制度改革的第一阶段，不仅明确了市场化改革的方向，而且在新股定价和发行承销方面都提出了较为可行的措施，对接下来的改革具有较为重大的指导意义。但是改革实施后，虽然新股上市首日高回报现象得到明显抑制，但其后带来的 IPO“三高”问题引起了学者们的广泛关注。第二阶段的改革主要是在第一阶段的基础上，对各个发行环节进一步规范和补充，是对第一阶段改革的细节性完善。改革实施后，IPO“三高”问题并未得到明显改善。而第三阶段的改革在抑制 IPO“三高”问题的同时，又重新带来了 IPO 首日超额回报问题。2013 年的第四次询价制度改革则提出了一系列的创新举措：在 IPO 过程中给予承销商新股自主配售权、实行存量股发行转让、设置新股上市首日涨跌幅等。此次改革在试图抑制 IPO“三高”问题的同时又带来了一系列的新问题（如老股超高量减持、新股暴涨等），并一度引发了 IPO 暂停。为此，时隔半年不到，就进行了第五次改革，此次改革则主要是对第四次改革的补充和完善，尤其是对第四次改革中出现的老股超高减持的问题进行约束。之后，证监会于 2015 年实施的第六次改革，尤其是取消预缴款政策的实施，在一定程度上抑制了巨额打新现象，但改革实施后，新股连续暴涨问题依然存在。

回顾上述中国新股发行机制的改革历程，总体来说引进发达国家股票市场询价制度并加以改进的初衷是好的，即用市场化的方法来对IPO发行进行定价、提高市场效率。然而在引进这一制度过程中，笔者认为忽视了两个“中国特色”制度背景：第一，中国市场投资者理性程度低，而询价制度有效的前提是存在大量理性投资者，并能够对IPO报价做出正确判断，然而中国股票市场上，投资者结构依然以个人投资者为主体，而个人投资者由于知识、能力等的限制，其理性程度非常有限、投机性交易十分普遍（李心丹等，2002；谭松涛等，2006）；同时大量研究也表明中国市场机构投资者的理性程度也是非常有限的（蔡庆丰等，2010；李志文等，2010）。第二，不同于美国市场IPO注册制，中国市场IPO目前还是核准制，IPO始终是一种稀缺性资源，市场追捧、炒作IPO新股的现象十分突出。在投资者有限理性、IPO稀缺的市场状态下，IPO询价制度失去了其推行的微观基础，加上询价制度引进过程中的“中国特色”改造，使得IPO询价制度在中国市场实施过程中其有效性大打折扣。因此，笔者认为，在研究中国市场IPO定价过程中，需要进一步考虑中国特色制度背景与市场环境，而不能简单借用国外询价制度相关理论进行分析。

## 二、文献评述

自20世纪80年代以来，IPO问题一直是国内外学术界研究的热点问题，Ritter和Welch(2002)、Ljungqvist(2007)、贾春新和刘力(2006)等从企业上市行为、上市首日折价以及长期市场表现等角度对IPO相关研究进行了全面系统的综述。在本部分中我们不打算对IPO的各方面研究进行全面回顾，而主要集中于与主题直接关联的IPO发行定价机制研究的梳理与总结。尽管自2005以来中国市场新股发行机制一直被称为“询价机制”，但在2013年11月第四次询价制度改革之前，由于承销商没有新股自主配售权，中国特色的发行定价机制本质上是“拍卖机制”。因此，本部分我们主要围绕IPO询价机制和IPO拍卖机制对相关研究进行评述。在这个过程中，由于国内定价机制和国外的差异性，加上国内学者对IPO方面关注的焦点和研究的问题与国外学者有较大的不同，我们回顾整理的过程中将国外、国内研究成果分开总结。

我们首先对目前占主导地位的国外 IPO 询价机制的相关研究进行回顾与评述，其次对 IPO 拍卖定价机制研究进行综述，在此基础上对新股发行不同机制的比较研究(主要是询价机制和拍卖机制的比较)进行回顾与评述，最后对国内市场 IPO 定价方面的研究进行综述。在 IPO 新股发行机制中，核心是 IPO 定价与新股配售，因此以下整个回顾主要围绕这两个主题进行。

**(一) IPO 询价机制研究的回顾与评述**

自 20 世纪 80 年代 IPO 询价机制推出以来，这一定价机制逐步在全世界范围内盛行，并占据了主导性地位(Jagannathan et al.，2010)。在整个询价机制实施的过程中，承销商新股配售权具有决定性意义，因此对新股配售权作用机制的解释成为当前研究的一个关键问题(Ritter and Welch，2002)。回顾这一领域的相关研究，主要是围绕承销商新股配售权，从激励机构投资者提供正确报价信息，以及承销商利用新股配售权进行利益输送两方面进行研究，下面分别对这两方面的文献进行评述。

部分学者从新股配售权的激励机制角度进行了研究，其中 Benveniste 和 Spindt(1989)、Benveniste 和 Spindt(1990)以及 Spatt 和 Srivastava(1991)最早在理论上系统研究了询价机制，指出承销商所拥有的新股配售权，使得承销商能够激励参与询价的机构投资者提供正确的报价，从而提高 IPO 定价效率。Sherman(2000)在考虑长期合作情况下，Sherman 和 Titman(2002)、Sherman(2005)在考虑投资者数量及信息产出内生性情况下，研究了询价机制如何激励投资者参与询价并提供正确报价信息。Derrien(2005)及 Ljungqvist 等(2006)则进一步引入噪声交易者情绪，发展了上述理论，指出噪声交易者的存在，使得 IPO 定价高估，并且导致正的 IPO 首日回报。在此基础上，Cook 等(2006)的研究进一步表明承销商会通过各种促销活动来刺激投资者情绪，从而提高 IPO 股价及上市首日回报率。

在实证上 Hanley 等(1995)、Aggarwal 等(2002)等最早利用美国市场数据进行研究，发现 IPO 折价越高、机构获配比例越多，从而验证了上述理论。Ljungqvist 等(2003)的研究进一步表明，在询价制度在全球范围内推行过程中，只有当询价过程中的承销商为美国承销商，或者投资者为美国市场投资者时，这一定价机制才能充分发挥其作用。Cornelli 和 Goldreich(2001,2003)利用欧洲某一承销商提供的机构投资者详细报价数据，对询价机制下的新股配售及定价效率进行了更为深入研究，结果表明询价过程中机构投资者报价形成的指令簿包含了用于定价的信息，并且提供信息的机构获得了更好的新股配售，尤其是当存在严重的超额申购时。但 Rocholl(2009)在研究 IPO 折价越多机构投资者获配越多的情况时，却发现其中的原因是由于机构投资者的信息优势，而不是承销商偏好引起的。Loughran 等(2013)研究了美国企业 IPO 过程中填写的第一份文件(即 S-1 表格)所表达的关于公司未来的信息对 IPO 定价及首日回报等的影响，结果表明发行人(及承销商)在 S-1 表格中故意用不确定性的语言表述来吸引机构投资者在询价过程中进行信息生产，从而验证了 Sherman 和 Titman(2002)的理论预期。Khurshed 等(2014)利用印度股票市场询价过程中的信息公开，研究了询价过程中的投资者行为及对 IPO 市场表现的影响，发现机构投资者报价对个人报价有显著的引导作用，同时投资者申购越多，IPO 首日回报越高，而承销商声誉、VC 参与等因素对 IPO 影响有限。Chang 等(2014)比较分析了中国台湾和香港，以及美国市场的承销商新股配售权，发现台湾和香港市场对承销商新股配售权的限制增加了价格修正，但这一修正行为并未增加信息产出，反而降低了一级市场效率。

与此同时，部分学者从承销商寻租角度对新股配售权进行研究，其中 Loughran 和 Ritter(2002,2004)最早从利益冲突视角，指出承销商目标函数并不是和发行人完全一致的，承销商很可能利用其新股配售权来获利，而不是服务于发行人利益。在此基础上，部分学者研究了在询价过程中承销商利用配售权向其利益相关者进行利益输送的问题，其中 Jenkionson 和 Jones(2004)使用欧洲某一承销商提供的数据①，研究发现拥有更多信息的

① 这一报价数据不同于 Cornelli 和 Goldreich(2001,2003)使用的承销商数据，而是由另一承销商提供。

申购订单并未获得更多的配售，也就是说询价机制在信息揭示方面的作用是非常有限的。Reuter(2006)、Nimalendran 等(2007)、Goldstein 等(2011)等从承销商与共同基金之间的经纪关系角度进行研究，发现承销商新股配售过程中偏好于和承销商具有经纪关系的投资者，从而间接论证了承销商权力寻租。Jenkinson 和 Jones(2009)则首次利用调查访谈数据，从参与申购配售的机构投资者角度进行研究，发现投资者和承销商之间的经纪关系被认为是影响新股配售最为重要的因素，从而对询价制度中信息揭示的观点提出了进一步的质疑。此外，考虑到很多投资银行既承销股票又同时管理基金，Ritter 和 Zhang(2007)、Johnson 等(2009)从金融集团内部关系入手进行研究，发现承销商利用“裙带关系”(Nepotism)，将热销的 IPO 配售给其附属的共同基金来获利。但 Mooney(2013)在全球范围内对上述研究进行拓展，发现结论并不一致。

针对新股配售权研究中的争议，Bubna 和 Probhala(2011)利用印度股票市场询价制度改革形成的独特自然实验，采用双重差分方法(Difference-in-Difference)对上述两方面的理论进行了验证，结果支持“价格发现”理论，指出承销商新股配售权降低了 IPO 首日折价率、提高了 IPO 定价效率。

此外，部分学者对询价过程中其他利益相关者行为进行了研究，其中 Derrien(2005)研究表明，个人投资者的积极参与将导致更高的 IPO 发行价格及更高的 IPO 首日回报，同时也会导致更低的长期投资回报。Neupane 等(2012)利用印度市场独特数据，研究了个人投资者参与对 IPO 定价及回报的影响，结论类似。Da 等(2011)从个人投资者“有限关注”角度对 IPO 首日高回报及长期低回报现象进行了解释。Bertoni 等(2014)研究了意大利市场上采用询价发行(针对机构投资者)和固定价格发行(针对个人投资者)混合机制时，机构投资者与个人投资者之间配售比例再分配问题，发现询价过程中收集到积极信号时，新股配售向机构投资者调整。Geranio 等(2012)从承销商、机构投资者以及风险投资这三者在新股发行过程中的利益冲突角度研究了 IPO 定价问题。此外，Ferris 等(2012)基于公司章程中表现出来的保守主义，从行为偏差角度研究了发行人情绪对 IPO 定价的影响。Hong 等(2014)则从信息不对称改变的角度，研究了国际财务准则的强制推行对 IPO 折价的影响，发现这一措施有利于降低 IPO 发行折价。

纵观上述研究，我们可以看到，当前针对 IPO 询价机制的研究，主要围绕承销商新股配售权，从激励机构投资者提供正确报价信息，以及承销商进行权力寻租两方面进行理论和实证研究，总体来说，现有研究表明询价机制在信息揭示方面起到了积极作用，但同时也存在承销商滥用新股配售权的问题，即目前针对新股配售权方面的研究存在较大争议。其中一个很大的局限是，由于承销商无须对外公布报价及配售数据，信息可得性限制使得这方面的实证研究很难开展(Ritter and Welch, 2002;Bertoni et al., 2014)。尽管 Cornelli 和 Goldreich(2001, 2003)、Jenkionson 和 Jones(2004)对利益机构投资者申购报价数据进行了研究，但这些数据均来自于个别投行，因此所得结论与特定样本有关，缺乏一般性。

中国市场自 2010 年 10 月第二次询价制度改革以来，证监会要求承销商公开机构申购和配售数据，这为我们从微观层面研究询价制度提供了很好的机会，尤其是 2013 年 11 月的第四次询价制度改革引入新股自主配售权形成的自然实验，为我们研究承销商作用机制提供了独特的机会。

### (二) IPO 拍卖定价机制研究的回顾与评述

20 世纪 80 年代以来，随着 IPO 询价机制在全世界范围内的盛行，IPO 拍卖定价机制逐步被市场所淘汰，Johnathan 等(2010)详细描述了拍卖机制在世界各国的采用和终止时间表。尽管如此，拍卖机制由于其“透明度”等优势，还是有其一定的生存和发展空间，例如 2007 年 Google 公司在新股发行过程中就采用了拍卖定价机制(Berg et al., 2009)。根据发行价格是否统一，拍卖机制又可以细分为统一价格拍卖(Uniform Auction)和差别价格拍卖(Discriminatory Auction)两种，其中前者按照统一发行价格进行配售，后者按照投资者各自申购价格进行配售。在统一价格拍卖机制中，当发行价格低于市场出清价格时，又进一步称为“肮脏的荷兰式拍卖(Dirty Dutch Auction)”，法国市场 IPO 拍卖定价即是典型一例。

在针对 IPO 拍卖机制的相关研究中，Biais 和 Faugeron-Crouzet (2002)、Biais 等(2002)采用机制设计方法，在理论上对新股定价机制进行了研究。其中重点是对法国市场上修正的拍卖机制(该机制下的 IPO 发行定价低于市场出清价格)进行了研究,结果发现这一机制在信息获取方面和询价机制类似,并且这一机制可以阻止投资者之间的合谋。但 Sherman (2005)研究指出,当信息获取内生且有成本时,拍卖机制在信息揭示方面是次优的,将导致“搭便车”(Free Riding)现象的出现。

在实证上,Kandel 等(1999)和 Degeorge 等(2010)利用投资者报价数据,对统一价格拍卖机制进行了研究。其中,Kandel 等(1999)最早利用以色列股票市场 27 只新股拍卖过程中的投资者报价数据,首次基于机构报价数据对统一价格拍卖(Uniform Auction)机制进行了研究,结果表明在市场出清价格附近投资者需求曲线是非常平缓的,同时 IPO 上市首日存在 4.5%的超额投资回报,并且需求弹性和超额回报之间存在显著的正向关系,但该文并未对这一正向关系进行深入的研究和分析。Degeorge 等(2010)利用美国市场某承销商承销包括 Google 公司在内的 19 个 IPO 股票过程中的投资者报价数据,对美国市场拍卖机制进行了实证研究,结果表明,尽管在报价过程中部分投资者(主要是个人投资者)存在“搭便车”现象,机构在报价过程中依然进行了较为充分的信息揭示,并且机构提供的信息越多,获得的回报越高,从而证明拍卖机制也是一种较为有效的新股定价机制。

差别价格拍卖定价机制方面,Liu 等(2001)、Lin 等(2007)及 Chiang 等(2010)等利用中国台湾市场报价数据进行了研究。其中,Liu 等(2001)沿袭了 Kandel 等(1999)的研究思路和方法,研究结果表明在差别定价拍卖机制下,投资者需求弹性也是非常平缓的,这和投资者异质信念假说相一致,同时平均来说在 IPO 首日参与配售的机构可以获得7.83%的超额收益,并且需求弹性和超额收益正相关。Lin 等(2007)进一步研究表明,相对于个人投资者,当 IPO 新股具有更高的价值时,机构投资者倾向于在拍卖中报出更高的价格,并且 IPO 折价率越高,机构投资者获得的信息租金越高。类似地,Chiang 等(2010)基于 1995～2000 年的 84 个以拍卖方式进行定价的 IPO 公司,研究发现机构投资者参与拍卖的比例越高,提供的报价越高时,新股上市后的回报越高,表明机构投资者是知情交易者,能够在参与 IPO 拍卖过程中获利,而与之相反的,研究表明个人投资者是非知情交易者，往往在参与拍卖过程中报价过高。

从上述研究可以看到，总体来说，尽管理论研究表明，拍卖定价机制中存在“搭便车”现象，在信息揭示方面是次优的，但大量实证研究表明，在现实中机构投资者在报价过程中进行了信息揭示，并且机构能够获得较高的超额回报，尤其是当发行价格低于市场出清价格时（即在肮脏的荷兰式拍卖中）。

对照中国市场询价制度，尽管我们将中国市场新股发行制度称为“询价制度”，但除了2013年11月第四次询价制度改革后的短短两个月内，在新股配售方面，承销商没有权力将新股配售给特定投资者，而是按照同比例或者摇号方式进行配售，因此中国市场本质上采取的是“拍卖机制”，并且在定价时，确定的发行价格低于市场出清价格，故实质上是“肮脏的荷兰式拍卖”。因此，上述关于拍卖机制的研究，尤其是肮脏的荷兰式拍卖的研究为我们分析中国市场新股发行和配售提供了一定的理论基础和分析思路。

### （三）IPO新股发行机制比较分析

回顾当前国际市场上的IPO定价机制，以定价与新股配售规则是否事前确定的原则来分，总体来说有固定价格机制、询价机制和拍卖机制三种定价方式，以及这三种机制的复合（Jagannathan et al.，2010）。Loughran等（1994）最早提出两个标准对IPO发行机制作了分类，其一是发行价格是在关于需求的信息获取之前还是之后设定？其二是承销商是否具有新股自主配售权？根据这两条标准，当发行价格在需求信息获取之前设定，并且承销商没有新股配售权的发行机制，称为固定价格发行机制；当发行价格在需求信息获取之后设定，但承销商没有新股配售权，则称为拍卖发行机制；当发行价格在需求信息获取之后设定，且承销商有新股配售权，则称为询价发行机制。部分学者对这三种新股定价机制的优劣，尤其是询价机制和拍卖机制之间的优劣，进行了系统的比较分析。

Biais等（2002）最早用机制设计方法，在统一的理论框架下对这三种定价机制的优劣进行了系统的比较分析。研究结果表明，固定价格法导致定价非效率及赢者诅咒（Winner's Curse），荷兰式拍卖也会导致定价非效率，并且还可能出现机构之间的合谋，而询价机制以及和法国市场修正后的拍卖机制（新股发行定价低于市场出清价格，即肮脏的荷兰式拍卖）在信息获取和价格发现方面是最优的。类似地，Bulow 和 Klemperer(2002)、Parlour 和 Rajan(2005)比较分析了“肮脏式拍卖(Dirty Auction)”和询价机制，指出“留在桌面上的钱(Leaving something on the table)”可以降低赢者诅咒，并且在信息获取方面，肮脏式拍卖与询价制度有类似的功能。

Chermmanur 和 Liu(2006)在考虑发行人具有内部信息的情况下，比较分析了统一价格拍卖机制和固定价格定价机制的优劣。研究结果表明，尽管拍卖制下的折价率更低，但发行人更偏好于固定价格机制。Derrien 等(2003)在理论上比较分析了拍卖机制和询价机制在 IPO 折价率控制方面的作用。Sherman(2005)则进一步在考虑投资者数量及信息获取内生性基础上，比较分析了询价制度与拍卖机制，指出询价机制允许承销商管理新股配售，减小了发行人和投资者风险，同时减少了 IPO 发行折价率和新股发行后的股价波动率，从而解释了为什么询价机制在全球范围内流行。

实证上，Kutsuna 等(2004)和 Pettway 等(2008)利用日本股票市场新股发行制度变迁形成的自然实验，比较分析了 IPO 拍卖机制和询价机制。其中，Kutsuna 等(2004)研究结果表明，相比于拍卖制度，询价制度具有更高的定价效率，并且对大规模发行来说，可以有效降低发行成本；而 Pettway 等(2008)研究却表明，相比差别定价拍卖，询价制下 IPO 折价率越高，上市后的股价波动率越大。类似地，Lowry 等(2010)从 IPO 股票上市后的月度收益波动率的角度，对询价制度定价的有效性提出了质疑，并认为拍卖制度是一种更好的 IPO 定价机制。Degeorge 等(2007)利用 20 世纪 90 年代法国市场拍卖制和询价制并存的局面，从分析师角度比较分析了发行人对这两种发行机制的选择，指出尽管询价制的显性和隐性成本更高，但由于询价制下的分析师覆盖更多且推荐更为积极，导致发行人偏好询价制。

此外，Jannanthan 等(2010)系统地比较分析了近几十年来全球范围内 IPO 新股发行机制的变迁，重点讨论了拍卖机制逐步消亡的原因，指出间接机制的复杂性使得拍卖定价机制逐步被固定价格机制和询价机制所替代。

纵观上述研究，我们可以看到，当前学术界主要采用机制设计理论和方法，对 IPO 新股发行不同机制的优劣进行了系统的比较分析，这为我们深入研究中国市场 IPO 询价机制及其定价效率提供了理论基础。然而由于上述研究中理论假设十分严格，导致理论结果未必能够很好地解释现实情况，与此同时，由于询价机制在中国股票市场推行过程中的中国特色，以及中国市场特殊的制度背景和投资者有限理性特征，我们不能直接借用上述理论分析，而是需要结合中国特色的制度和市场环境，对上述理论加以改进和完善。

### （四）中国市场 IPO 定价相关研究回顾与评述

回顾当前针对中国市场 IPO 定价的研究，不同于国外对市场询价、定价过程的研究，国内学者主要围绕 IPO 首日超高回报，从一级市场"抑价"（或折价）和二级市场"溢价"角度进行研究。部分学者借鉴西方国家相关理论，认为二级市场是一个价格发现功能更强的市场，因此以 IPO 首日收盘价作为有效定价基准，认为中国 IPO 股票存在折价发行现象，并从不同角度，尤其是价格管制角度对 IPO 折价发行产生及其变化的原因进行了探讨。其中，陈工孟和高宁（2000）、刘力和李文德（2000）是国内最早探讨 IPO 现象的学者，陈工孟和高宁（2000）研究发现 A 股的抑价程度与从发行到上市的间隔时间及近期配股计划显著正相关，刘力和李文德（2000）则认为政府对新股发行价格的管制和二级市场投资者的过度反应是造成我国 IPO 高抑价的重要原因。田利辉（2010）、田利辉等（2013）研究指出，中国的 IPO 超额抑价是因为股票市场受到严格管制而产生的制度性抑价，是政府干预的结果，而渐进式改革能够减少抑价。朱红军等（2010）则把与发行制度有关的 IPO 抑价看成是对"租金"的分配过程，并相应提出了关于中国 IPO 抑价的"租金分配观"。此外，郭宏和赵震宇（2006）从承销商声誉角度、徐浩萍等（2009）从政策信号传递角度、潘越等（2011）从承销商托市角度、陈工孟等（2011）从风险投资参与角度，Hao 等（2013）从"银企关系"角度为 IPO 折价提供了新的理论解释。Guo 和 Fung（2011）专门探讨了创业板首日抑价的影响因素。黄俊和陈信元（2013）则从新闻报道角度研究了 IPO 抑价，发现媒体报道显著提高了 IPO 首日抑价，即使媒体只是提供了中性的报道。

然而在二级市场投资者"炒新"、首日投机性交易严重的情况下，将首日收盘价作为有效定价基准来评估 IPO 定价效率的做法是值得商榷的。因此，部分学者从二级市场溢价角度对 IPO 首日高回报及其原因进行了研究。其中，刘煜辉和熊鹏(2005)从股权分置和政府管制角度展开研究，认为 IPO 首日超高回报来自于投资者非理性需求。韩立岩和伍燕然(2007)从投资者情绪角度对包括 IPO 首日超高回报在内的 IPO 之谜提供了全面的解释；张小成等(2009)、张小成等(2011)从机构投资者异质预期角度，通过扩展信息不对称理论来解释中国市场 IPO 首日高抑价；Gao(2010)通过寻找配对样本的方式，研究发现 IPO 首日高回报是一级市场折价及二级市场投机炒作产生的"溢价"共同造成的，并且发现二级市场投资者投机炒作是 IPO 首日高回报的主要原因。类似地，Song 等(2014)也发现中国市场 IPO 首日高回报由一级市场折价和二级市场溢价所导致，其中二级市场投资者投机炒作所导致的溢价是主要因素。刘煜辉和沈可挺(2011)、邹高峰等(2012)基于随机边界(Stochastic Frontier)分析方法进行研究，结果表明中国市场首日超额回报并非主要来自一级市场抑价，而是主要来自二级市场溢价。此外，赵进文等(2010)、郭海星和万迪昉(2011)针对创业板 IPO 的研究表明，我国创业板 IPO 首日超额收益也主要来自于二级市场溢价。Shen 等(2013)基于 1996～2000 年的 IPO 发行数据，发现是价格泡沫及投资者非理性导致了 IPO 首日高回报。

纵观上述研究，国内学者主要从一级市场"抑价"和二级市场"溢价"角度，对中国市场 IPO 首日高回报现象及其产生原因进行了一定的理论解释，这对我们认识和理解中国股票市场 IPO 现象起到了很重要的作用。但是这些研究均是基于上市后的 IPO 首日回报率，并未涉及上市前的 IPO 定价过程，未能揭开 IPO 定价黑箱。

考虑到当前 IPO 询价制度及其改革的重要性，部分学者对此进行了研究。在理论上，周孝华等(2009)探讨了 IPO 询价制下的机构投资者报价策略问题；刘钰善和刘海龙(2009)研究表明，当价格区间与配售量满足激励约束条件时，可以达到让知情投资者搜集信息并如实报价的均衡。林千惠等(2012)从机构投资者串谋角度研究了 IPO 抑价与定价策略问题，结果表明机构投资者串谋是引起IPO抑价程度加深的原因之一，并认为发行人可以通过控制配售比例的方式来降低串谋对IPO抑价的影响。张小成等(2012)对不同发行机制下的IPO定价进行理论建模，结果表明，当投资者异质性相同时，相比固定价格发行，询价机制下IPO抑价率更低，从而具有更高的定价效率。

在实证上，杨记军和赵昌文(2006)研究表明，询价制度的推行提高了公司上市的直接成本，但显著降低了IPO抑价率即间接成本，并降低了总的发行成本，因此询价制度的推行是有效的；类似地王海峰等(2006)也发现询价制度的实施有利于降低IPO抑价率。方军雄等(2010)从资金超募角度研究了发行制度市场化改革的效果，发现中国资本市场存在明显的超募现象，不过随着发行制度改革的推进，超募程度随之显著降低；陆蓉等(2010)从初步询价角度研究了IPO定价效率。邹斌和夏新平(2010)研究表明，机构投资者参与询价定价提高了私人信息在新股股价中的资本化程度，因此询价制的市场化改革提高了新股进行价格发现的定价效率。贺炎林等(2011)基于公共信息角度评价了IPO询价制的定价效率，表明中国询价制具有较强的信息揭示能力。张峥等(2012)的研究表明，2009年新股发行制度改革使得IPO首日折价率显著下降，同时新股发行价与反映公司质量的财务变量相关度增强，从而认为2009年度发行制度改革对于IPO市场价格发现机制的完善具有贡献。郑志丹和张宗益(2012)基于双边随机边界模型，对新股询价效率进行了实证度量，结果发现折价效应和溢价效应并存。

与此同时，部分学者从IPO询价过程中的利益相关者行为角度对询价制度及其改革进行了研究。其中，邵新建等(2009)对机构投资者锁定期结束后的交易行为进行了研究，结果发现法人(机构投资者)配售、锁定制度不能有效降低过高的首日抑价。刘志远等(2011a,2011b)提出从参与询价的机构投资者报价过程中的竞争与合谋来解释IPO首日高回报问题，指出在第一次询价制度改革前，参与报价的机构合谋来压低报价，导致IPO抑价现象产生，而第一次询价制度改革提高了投资者竞争，从而降低了IPO抑价，提高了IPO定价效率。此外，彭文平(2013)从基金打新角度对中国市场询价制度下的新股配售问题进行了研究。邵新建等(2013)则从承销商定价角度进行了研究，指出在缺乏新股配售权的情况下，承销商选择相对高位进行定价来实现其自身利益，而承销商声誉可抑制这种行为。类似地，黄瑜琴等(2013)也从承销商最优定价策略角度进行了研究。

纵观上述研究，总体来说由于制度背景差异及数据可得性约束等原因，目前国内学术界对中国市场 IPO 问题的研究，主要停留在 IPO 首日高回报的研究，较少深入触及中国特色 IPO 询价制度内部，未能很好揭开 IPO 发行定价黑箱，同时对 IPO 首日超高回报、IPO“三高”、IPO“新三高”等市场异象及相应的财富分配不公等问题缺乏合理的理论解释。此外，随着中国股票市场在世界范围内的重要性提升，以及中国 IPO 行为的日益活跃，国外学者也开始关注中国 IPO 市场，例如 Piotroski 和 Zhang(2014)从政治关联角度研究了 IPO 行为的变迁。因此，如何围绕中国特色询价制度及其改革，对 IPO 定价机制进行深入系统的研究已成为当前国内外学术界迫切需要解决的关键性问题。

不同于当前中国市场 IPO 研究主要集中在 IPO 发行后的市场现象研究，以及利用 IPO 发行后的市场价格数据对 IPO 定价及影响进行分析，笔者将研究视角前移到 IPO 发行上市前的询价定价过程，结合中国特色询价制度及其渐进式改革，考虑 IPO 定价过程中利益相关方的利益冲突和协调，在理论上采用机制设计理论和行为金融理论等，对 IPO 定价机制进行理论建模分析，在实证上利用承销商估值，机构投资者申购配售、发行人与承销商定价与新股配售，以及个人投资者“打新”“炒新”等数据，研究 IPO 询价定价与新股配售过程，从而揭开 IPO 定价黑箱，并为渐进式改革中出现的各种 IPO 市场异象提供理论解释。

# 附录　中国市场 IPO 询价制度改革历程

**中国股票市场询价制度推行及其系列改革**

| 询价与定价 | 申购与配售 |
|---|---|
| **0. IPO 询价制度的推出:2004 年 12 月 7 日《关于首次公开发行股票试行询价制度若干问题的通知》** | |
| (1) 询价分为初步询价和累计投标询价两个阶段,发行人及其保荐机构通过初步询价确定发行价格区间,通过累计投标询价确定发行价格 | (1) 发行人应向参与累计投标询价的询价对象配售股票,公开发行数量 4 亿股以下的,配售数量应不超过本次发行总量的 20%;超过 4 亿股的,配售数量不超过 50% |
| (2) 询价对象包括证券投资基金管理公司、证券公司、信托投资公司、财务公司、保险机构投资者和合格境外机构投资者(QFII),以及其他经证监会认可的机构投资者七类 | (2) 累计投标询价结束后,发行价格以上的有效申购总量大于拟配售股份数量时,采取同比例配售方式进行配售 |
| | (3) 询价对象应承诺将参与累计投标询价获配股票锁定 3 个月以上 |
| **1. 第一次询价制度改革:2009 年 6 月 10 日《关于进一步改革和完善新股发行体制的指导意见》** | |
| (1) 完善询价和申购的报价约束机制,形成进一步市场化的价格形成机制。询价对象应真实报价,询价报价与申购报价应当具有逻辑一致性,主承销商应当采取措施杜绝高报不买和低报高买 | (1) 优化网上发行机制,将网下网上申购参与对象分开。对每一只股票发行,任一股票配售对象只能选择网下或者网上一种方式进行新股申购 |
| (2) 对最终定价超过预期价格导致募集资金量超过项目资金需要量的,发行人应当提前在招股说明书中披露用途 | (2) 对网上单个申购账户设定上限。原则上不超过本次网上发行股数的千分之一,且单个投资者只能使用一个合格账户申购新股 |
| **2. 第二次询价制度改革:2010 年 10 月 12 日《关于深化新股发行体制改革的指导意见》** | |
| (1) 进一步完善报价申购和配售约束机制。在中小型公司新股发行中,发行人及其主承销商应当根据发行规模和市场情况,合理设定每笔网下配售的配售量,以促进询价对象认真定价 | (1) 中小型公司新股发行中,根据每笔配售量确定可获配机构的数量,再对发行价格以上的入围报价进行配售,如果入围机构较多,采取摇号配售 |

**续　表**

| 询价与定价 | 申购与配售 |
|---|---|
| (2) 扩大询价对象范围，充实网下机构投资者。主承销商可自主推荐一定数量机构投资者，参与网下询价配售 | (2) 完善回拨机制和中止发行机制，网上申购不足时，可以向网下回拨，由网下的机构投资者申购，仍然申购不足的，可以由承销团推荐其他投资者参与网下申购；网下机构投资者有效申购不足，不得向网上回拨，可中止发行 |
| (3) 增强定价信息透明度。发行人及其主承销商须披露参与询价的机构的具体报价情况 | |
| **3. 第三次询价制度改革：2012 年 4 月 28 日《关于进一步深化新股发行体制改革的指导意见》(包括相应的《证券发行与承销管理办法》修改决定)** | |
| (1) 扩大询价对象范围，除了目前规定的七类机构外，主承销商还可自荐 5～10 名个人投资者参与网下询价配售 | (1) 提高向网下投资者配售股份比例，向网下投资者配售股份比例原则上不低于本次公开发行与转让股份的 50% |
| (2) 根据询价结果确定的发行价格市盈率高于同行业上市公司平均市盈率 25% 的，发行人应召开董事会，分析讨论定价的合理性因素和风险性因素，并做好补充信息披露，证监会综合考虑补充披露信息等相关情况后，可要求发行人及承销商重新询价 | (2) 建立网下向网上的回拨机制，网下中签率高于网上中签率的 2～4 倍时，发行人和承销商应将本次发售股份中的 10% 从网下向网上回拨；超过 4 倍时应将本次发售股份中的 20%从网下向网上回拨 |
| (3) 首次公开发行股票，可以通过向询价对象询价的方式确定股票发行价格，也可以通过发行人与主承销商自主协商直接定价等其他合法可行的方式确定发行价格 | (3) 取消现行网下配售股份 3 个月的锁定期，提高新上市公司股票的流通性，发行人、承销商与投资者自主约定的锁定期，不受此限制 |
| | (4) 在首次公开发行新股时，推动部分老股向网下投资者转让，增加新上市公司可流通股数量 |
| **4. 第四次询价制度改革：2013 年 11 月 30 日《关于进一步推进新股发行体制改革的意见》** | |
| (1) 改革新股发行定价方式。按照《证券法》第三十四条的规定，发行价格由发行人与承销的证券公司自行协商确定。发行人应与承销商协商确定定价方式，并在发行公告中披露 | (1) 引入主承销商自主配售机制。网下发行的股票，由主承销商在提供有效报价的投资者中自主选择投资者进行配售。发行人应与主承销商协商确定网下配售原则和方式，并在发行公告中披露 |

**续 表**

| 询价与定价 | 申购与配售 |
|---|---|
| (2) 网下投资者报价后,发行人和主承销商应预先剔除申购总量中报价最高的部分,剔除的申购量不得低于申购总量的10%,再根据剩余报价及申购情况协商确定发行价 | (2) 网下配售的股票中至少40%应优先向以公开募集方式设立的证券投资基金和由社保基金投资管理人管理的社会保障基金配售。上述投资者有效申购数量不足的,发行人和主承销商可以向其他投资者进行配售 |
| (3) 公开发行股票数量在4亿股以下的,提供有效报价的投资者应不少于10家,但不得多于20家;发行股票数量在4亿股以上的,提供有效报价的投资者应不少于20家,但不得多于40家。网下发行股票筹资总额超过200亿的,提供有效报价的投资者可适当增加,但不得多于60家 | (3) 调整网下配售比例,强化网下报价约束机制。公司股本4亿元以下的,网下配售比例不低于本次公开发行股票数量的60%;公司股本超过4亿元的,网下配售比例不低于本次公开发行股票数量的70%。余下部分向网上投资者发售 |
| (4) 证券交易所应进一步完善新股上市首日开盘价格形成机制及新股上市初期交易机制,建立以新股发行价为比较基准的上市首日停牌机制,加强对"炒新"行为的约束 | (4) 改进网上配售方式。持有一定数量非限售股份的投资者才能参与网上申购。网上配售应综合考虑投资者持有非限售股份的市值及申购资金量,进行配号、抽签 |
| **5. 第五次询价制度改革:2014年3月21日《关于修改〈证券发行与承销管理办法〉的决定》** | |
| (1) 网下投资者参与报价时,应当持有一定金额的非限售股份。发行人和主承销商可以根据自律规则,设置网下投资者的具体条件,并在发行公告中预先披露。主承销商应当对网下投资者是否符合预先披露的条件进行核查,对不符合条件的投资者,应当拒绝或剔除其报价 | (1) 对网下投资者进行分类配售的,同类投资者获得配售的比例应当相同。公募基金、社保基金、企业年金基金和保险资金的配售比例应当不低于其他投资者 |
| (2) 网下投资者报价应当包含每股价格和该价格对应的拟申购股数,且只能有一个报价。非个人投资者应当以机构为单位进行报价 | (2) 首次公开发行股票价格(或发行价格区间)确定后,提供有效报价的投资者方可参与申购 |
| (3) 公开发行股票数量在4亿股(含)以下的,有效报价投资者的数量不少于10家;公开发行股票数量在4亿股以上的,有效报价投资者的数量不少于20家。剔除最高报价部分后有效报价投资者数量不足的,应当中止发行 | (3) 网上投资者有效申购倍数超过50倍、低于100倍(含)的,应当从网下向网上回拨,回拨比例为本次公开发行股票数量的20%;网上投资者有效申购倍数超过100倍的,回拨比例为本次公开发行股票数量的40%;网上投资者有效申购倍数超 |

续　表

| 询价与定价 | 申购与配售 |
| --- | --- |
| | 过 150 倍的，回拨后网下发行比例不超过本次公开发行股票数量的 10%。本款所指公开发行股票数量应按照扣除设定 12 个月及以上限售期的股票数量计算 |
| **6. 第六次询价制度改革：2015 年 12 月 30 日《关于修改〈证券发行与承销管理办法〉的决定》** | |
| (1) 首次公开发行股票，可以通过向网下投资者询价的方式确定股票发行价格，也可以通过发行人与主承销商自主协商直接定价等其他合法可行的方式确定发行价格 | (1) 首次公开发行股票的网下发行应和网上发行同时进行，网下和网上投资者在申购时无须缴付申购资金。投资者应当自行选择参与网下或网上发行，不得同时参与 |
| (2) 公开发行股票数量在 2 000 万股(含)以下且无老股转让计划的，应通过直接定价的方式确定发行价格 | (2) 首次公开发行股票，持有一定数量非限售股份的投资者才能参与网上申购。网上投资者应当自主表达申购意向，不得全权委托证券公司进行新股申购 |
| | (3) 首次公开发行股票采用直接定价方式的，全部向网上投资者发行，不进行网下询价和配售 |
| | (4) 首次公开发行股票采用询价方式的，公开发行股票后总股本 4 亿股(含)以下的，网下初始发行比例不低于本次公开发行股票数量的 60%；发行后总股本超过 4 亿股的，网下初始发行比例不低于本次公开发行股票数量的 70%。其中，应当安排不低于本次网下发行股票数量的 40% 向公募基金和社保基金配售 |
| | (5) 网下和网上投资者获得配售后，应当按时足额缴付认购资金。网上投资者连续 12 个月内累计出现 3 次中签后未足额缴款的情形时，6 个月内不得参与新股申购 |

# 第三章　询价制度改革与中国股市 IPO“三高”问题研究①

2009 年询价制度改革后，中国股市 IPO 发行过程中“三高”问题突出，财富分配不公现象严重。对此，本章基于询价制度第二阶段改革后的网下机构报价信息披露，从机构投资者报价行为视角进行研究。研究结果表明，第二次询价制度改革后，由于制度安排不合理，参与询价的机构投资者之间过度竞争，导致 IPO 相对发行定价过高，并同时产生了 IPO“三高”问题，使得财富分配过于向发行人倾斜而不利于投资者。此外，长期来看，随着询价申购阶段机构竞争程度加剧，IPO 股票价格跌破发行价的可能性越高，长期超额投资回报越低，从而进一步论证了上述理论。本章的研究一定程度上打开了中国特色询价机制运行中的 IPO 定价黑箱，揭示了财富分配不公的制度根源。基于本章的研究，我们提出通过进一步优化机构投资者激励约束机制，促进机构合理竞争，来提高 IPO 定价效率，改善财富分配中的公平性。

## 一、引　言

2005 年，中国股票市场 IPO 发行实施市场化改革，推行有中国特色的询价制度，以期提高 IPO 发行定价效率。然而询价制度推行以来，各种问题不断出现，定价效率似乎并未得到有效提高。其中，早期 IPO 首日高回报现象突出，财富分配不公问题严重，2005～2008 年 IPO 首日回报高达

① 本章部分内容修改后发表于《金融研究》2013 年第 10 期。

155％。对此，2009 年中国证监会推行询价制度改革，在这一改革之后，IPO 首日高回报现象的确消失了，平均首日回报回落到近 40％，但与之相伴的，是 IPO 发行过程中出现了“三高”问题，即高发行价、高市盈率和高超募率，导致大量超募资金闲置浪费，并由此产生了新的财富分配不公问题。对此，2010 年 10 月证监会推行了询价制度第二阶段改革，然而这一阶段改革似乎收效甚微，“三高”问题依然十分严重。如何进一步深化询价制度改革，消除 IPO“三高”，提升 IPO 发行过程中的定价效率和财富分配公平性，已成为当前中国股票市场发展面临的关键性问题。2012 年 2 月 29 日，时任证监会主席郭树清在接受人民日报专访时指出，深化发行制度市场化改革，是年初全国金融工作会议部署的一项重点任务，其要害是降低不正常的超高价格，并指出近期将重点从增强买方定价约束、加大承销商定价责任、加强对定价行为的监督等方面，完善定价机制，抑制“三高”现象。① 2012 年 3 月，针对 IPO“三高”问题，全国政协常委刘汉元专门向“两会”提交了《关于改革新股发行制度的建议》，提出相关制度创新建议②。

为什么询价制度改革在消除 IPO 首日高回报的同时，会出现新的 IPO“三高”问题？询价制度改革究竟对 IPO 参与方利益产生了什么影响？我们应该如何进一步推进 IPO 询价制度改革，消除 IPO“三高”现象，提高定价效率？这些问题的研究不仅关系到证监会能否切实贯彻“三公”原则，更好地推进下一步询价制度改革，同时更关系到中国股票市场 1.65 亿投资者的切身利益，并涉及整个社会财富分配中的公平性问题。

回顾当前国际学术界 IPO 询价制度的相关研究，可以看到目前主要围绕承销商新股配售权，从激励机构投资者提供定价信息（Benveniste et al.，1989；Sherman，2002，2005；Aggarwal et al，2002；Chemmanur et al.，2010），以及承销商利用配售权向其利益相关者进行利益转移（Reuter，2006；Ritter et al.，2007；Jenkinson et al.，2009；Liu et al.，2010）两方面进行研究。然而由于“中国特色”询价制度中承销商缺乏新股配售权，这

① 龚雯、许志峰，《专访证监会主席郭树清：九问资本市场》，《人民日报》，2012 年 3 月 1 日。

② 刘明涛，“‘IPO 改革’上‘两会’：能做空限超募罚变脸”，《每日经济新闻》，2012 年 3 月 3 日。

方面的研究对解释中国IPO询价制度改革中出现的问题,尤其是“三高”问题似乎意义不大。而当前针对中国市场IPO问题的研究,主要借鉴西方发达国家相关理论,以IPO首日收盘价作为有效定价基准进行研究,普遍认为中国IPO股票存在折价发行现象,并从不同角度对IPO折价发行产生及变化的原因进行了探讨(如蒋顺才等,2006;杨记军等,2006;周孝华等,2009;陈工孟等,2011;Tian, 2011)。尽管这些研究在某些方面对中国市场部分IPO问题,尤其是首日高回报问题提供了一定的解释,但在二级市场投资者“炒新”、IPO首日投机性交易严重的情况下,将首日收盘价作为有效定价基准来评估定价效率的做法是值得商榷的。另外,部分学者对发行过程中的承销商作用进行了一定的研究(如郭宏等,2006;郭海星等,2011;潘越等,2011),但中国市场承销商没有新股配售权,所起的作用相对有限,并且这些研究并未对IPO“三高”问题等提供理论解释。

与此同时,在网下机构投资者报价行为方面,邵新建等(2009)、刘志远等(2011a,2011b)对机构投资者行为进行了探索性研究,得到了很有意义的结论。其中,刘志远等(2011a,2011b)提出从参与询价的机构投资者竞争与合谋方面来解释IPO首日高回报问题,指出在询价制度改革前,参与报价的机构合谋来压低报价,导致IPO抑价现象产生,而第一次询价制度改革加剧了投资者竞争,从而降低了IPO抑价,提高了IPO定价效率。然而,尽管刘志远等(2011a,2011b)提出了从机构报价角度来分析其行为,但由于数据可得性限制,该文并未分析机构具体报价行为,与此同时,正如前文提到的,在中国市场上用IPO首日收盘价作为有效定价基准分析定价效率是值得商榷的,并且该文得出的第一次询价制度改革使得“IPO定价效率提高”的结论和改革后出现的IPO“三高”问题似乎不太相符。

总体而言,由于制度背景差异及数据可得性约束等原因,目前国内外学术界对中国市场IPO问题的研究,尚未深入触及中国特色IPO询价制度内部,尚未打开IPO发行定价黑箱,同时对IPO“三高”现象及相应的财富分配不公问题缺乏合理的理论解释。

本章在现有研究基础上,针对当前中国股市IPO“三高”问题,首先借鉴Purnanandam等(2004)的研究思路和方法,通过寻找同行业配对样本来确定有效定价基准对 IPO 定价效率进行研究，并首次利用询价制度第二阶段改革披露的机构投资者详细报价数据，进一步从参与询价配售的机构投资者报价行为视角，对 IPO 发行过程中 IPO 定价效率及“三高”问题产生的根源进行系统研究。研究结果表明，询价制度改革后，相对于 IPO 股票内在价值，IPO 相对定价过高，并由此导致了高发行价、高市盈率和高超募率的“三高”现象出现。进一步研究表明，由于中国特色询价机制中的制度安排不合理性，使得网下机构投资者报价过程中出现过度竞争，这一过度竞争行为导致了 IPO 相对定价过高和“三高”问题的出现，并使得新股发行过程中财富分配过于向发行人倾斜，而不利于参与配售的机构投资者。与此同时，从长期来看，随着询价阶段机构投资者竞争程度加剧，未来股票跌破发行价的可能性越高，长期超额投资回报越低，从而进一步论证了机构投资者过度竞争导致 IPO 相对定价过高的理论。

相比已有研究，本章的主要贡献体现在以下三个方面：第一，利用第二阶段询价制度改革的信息披露要求，手工收集和整理了 2010 年询价制度第二阶段改革以来的机构投资者详细报价数据，首次对 IPO 询价过程中的机构投资者报价行为进行了全面系统的刻画与分析，从而在一定程度上打开了中国特色询价机制下 IPO 发行定价黑箱；第二，借鉴 Purnanandam 等(2004)研究思路，采用新的更为科学的方法对 IPO 发行定价效率进行重新评估分析，从理论上系统论证了当前 IPO 存在定价过高而不是过低的问题，并指出第二阶段询价改革使得 IPO 定价从一种形式的低效率走向另一种形式的低效率；第三，进一步基于机构报价行为，揭示了询价制度改革后 IPO“三高”现象及相应的财富分配不公问题产生的根源，在于机构投资者过度竞争导致 IPO 发行定价过高。

本章结构如下，第二部分为制度背景与研究假说的提出，第三部分为研究设计，第四部分为实证结果与分析，第五部分为稳健性检验，第六部分为主要结论与政策建议。

## 二、制度背景与研究假说的提出

### （一）制度背景：中国特色IPO询价制度及其改革

2005年1月1日，中国证监会借鉴西方发达国家询价制度，对中国股市IPO发行定价实施市场化改革，推行有中国特色的询价制度。在西方国家标准询价制度中，承销商在新股发行中处于核心地位，控制整个发行过程：首先承销商邀请特定机构参与报价；然后根据机构报价建立关于新股估值、申购的簿记，并确定发行价格；在发行价确定后，承销商利用其新股自由配售权，选择机构进行配售。这一过程的核心是承销商拥有新股配售权，可以自由选择配售对象进行配售。而中国特色的询价制度不同于标准询价制度，兼有拍卖制度特征，在配售和定价方面主要有两个特点：第一，新股配售通过两个渠道进行，包括网下配售和网上配售，当发行数量在4亿股以下的，网下配售比例不超过20%，发行数量在4亿股以上的，网下配售比例不超过50%，但无论在网下还是网上配售过程中承销商均没有新股自由配售权，新股配售按照同比例配售或者摇号配售方式①在申购的机构和个人之间进行配售，这大大削弱了承销商的权力，这一点类似于拍卖制度；第二，网下询价过程分为两个阶段②，第一个阶段承销商向机构投资者初步询价，得出报价区间，第二个阶段是累计投标询价，利用第一阶段得到的报价区间，在网下向机构投资者再次询价，最终根据机构投资者的报价确定发行价格，并用这一确定的发行价格对网上申购的投资者进行配售。

然而在中国特色询价制度实施过程中，其效果并不如证监会初衷，其中早期最突出的问题，是IPO发行首日高回报现象严重，财富分配过于向参

---

① 在2010年10月询价制度第二阶段改革过程中，为加强对参与询价的机构投资者的激励和约束，规定："在中小型公司新股发行中，发行人及其主承销商应当根据发行规模和市场情况，合理设定每笔网下配售的配售量，以促进询价对象认真定价。根据每笔配售量确定可获配机构的数量，再对发行价格以上的入围报价进行配售，如果入围机构较多应进行随机摇号，根据摇号结果进行配售。"在这一制度变革后，深圳市场中小板和创业板股票在网下配售中均采取摇号配售方式。而网上配售部分则一直采取摇号配售方式。

② 深圳证券交易所中小板和创业板仅进行一阶段询价，即在第一阶段即根据机构投资者报价和申购直接确定发行价格。

与询价配售的机构投资者倾斜而不利于发行人。对此,证监会为了进一步健全新股发行体制、强化市场约束机制,于 2009 年推行询价制度第一阶段改革。这一阶段以 2009 年 6 月 10 日证监会发布《关于进一步改革和完善新股发行体制的指导意见》为标志,相关措施包括:完善询价和申购的报价约束机制,进一步形成市场化定价机制;优化网上发行机制,将网下网上申购参与对象分开;对网上单个申购账户设定上限等。从实施效果来看,这一改革后 IPO 首日回报大幅回落,从这个意义上说达到了证监会改革初衷,但同时形成的"高发行价格,高市盈率和高超募率"的"三高"问题,却产生了新的财富分配不公,财富分配过于向发行人倾斜而不利于参与询价的机构投资者。对此,中国证监会推行了第二阶段改革,于 2010 年 10 月 12 日正式出台了《关于深化新股发行体制改革的指导意见》(以下简称"指导意见")和《关于修改〈证券发行与承销管理办法〉的决定》,并于 11 月 1 日正式开始施行。第二阶段改革是在第一阶段的基础上进一步细化各个发行环节的规范性要求,包括:进一步完善报价申购和配售约束机制;扩大询价对象范围,充实网下机构投资者;增强定价信息透明度;完善回拨机制和中止发行机制,其中"指导意见"第三条明确规定,"发行人及其主承销商须披露参与询价的机构的具体报价情况",这为我们深入剖析机构投资者报价行为、打开 IPO 定价黑箱提供了很好的研究机会。在第二阶段询价制度改革后,IPO"三高"问题依然十分突出,并且 IPO 破发现象频现。

回顾这一过程,总体来说,我们看到引进发达国家股票发行中的询价制度并加以改进来提高 IPO 定价效率的初衷是好的,然而在引进这一制度过程中,我们认为忽视了两个"中国特色"制度背景:第一,当前中国市场投资者理性程度低,而询价制度有效的前提是存在大量理性投资者,能够对 IPO 内在价值做出正确判断,但在中国股票市场上,投资者结构依然以个人投资者为主体,而个人投资者由于知识、能力等的限制,其理性程度非常有限、投机性交易十分普遍;另外大量研究也表明,中国市场机构投资者的理性程度也是非常有限的。第二,不同于美国市场 IPO 注册制,中国市场 IPO 目前还是核准制,IPO 始终是一种稀缺性资源,市场追捧、炒作 IPO 新股的现象十分突出。在投资者有限理性、IPO 稀缺的市场状态下,IPO 询价制度失去了其推行的微观基础。此外，在引进欧美询价制度过程中，还进行了中国式改造，其中的核心是剥夺了承销商新股配售权，而采取类似拍卖制下的配售方式，对发行价格以上的机构申购采取同比例配售或摇号配售。这一制度改造扭曲了标准询价制度下的激励约束机制，进一步加剧了询价制度推行中出现的问题。正是由于上述中国特色的制度背景，使得IPO询价制度在中国市场实施过程中其有效性大打折扣。下面主要从询价制度改革，尤其是第二阶段改革后的IPO发行定价过程中的机构投资者报价行为角度对IPO“三高”问题进行理论分析，并提出相关研究假说。

### （二）理论分析与研究假说的提出

从上面的制度背景分析过程中我们可以看到，自2005年询价制度实施到2009年询价制度改革前，机构投资者可以同时在网下网上参与申购。在这一制度安排下，对参与申购的机构而言，为了提高获利空间，有动机在网下询价申购过程中报低价，即使因报价过低而失去网下配售资格，机构仍可以凭借其资金优势在网上获得大量配售。可见，允许机构“双重申购”增加了其询价时压低报价的动力（刘志远等，2011b）。当参与询价的机构投资者均采取此类行为时，则体现为机构投资者群体合谋来压低IPO发行价格，财富分配有利于参与询价的机构而不利于发行人，从而产生财富分配不公的问题。

2009年询价制度改革，规定在IPO发行过程中，机构投资者不能同时参与网下网上两个市场的申购，一旦机构参与了网下询价申购，机构因报价过低而失去网下配售资格，也不能在网上进行申购。这一改革打破了原有制度下机构投资者因网下网上“双重申购”产生的合谋行为。由于网下申购中的竞争程度相对较小、中签概率相对较高，而且还有机会参与价格决定，因此机构往往倾向于选择在网下进行申购。与此同时，询价制度改革还对网上单个申购账户设定上限，规定原则上单个账户申购量不得超过网上发行量的千分之一，从而进一步限制了机构投资者网上申购行为。

在网下申购过程中，机构投资者提供报价及申购数量，发行人和承销商根据全体机构投资者报价，确定统一的发行价格，并对发行价格以上的报价部分采取同比例配售或摇号配售方式将新股分配给相应机构投资者，即在这一配售规则下，所有有效报价以上者以同价获得配售（Degeorge et al.，2010）。因此，机构投资者为了获得新股网下配售份额、分享 IPO 过程中的利益，有动机报高价，因为报高价可以使该机构获得配售资格，而同时又不需要以该高价来成交。在这个过程中，机构所报高价并不是相对其自身内在估值而言的，而是相对其他机构投资者估值报价中的较高者而言的，因为只有高于其他机构报价中的较高者才有较大概率获得新股配售。当所有参与询价的机构投资者基于类似的动机、采取类似的报价策略时，将会导致 IPO 发行过程机构整体报价集中于报价上限部分，产生整体报价左偏，同时使得 IPO 定价过高。此外，证监会规定，“当发行数量在 4 亿股以下的，网下配售比例不超过 20％，发行数量在 4 亿股以上的，网下配售比例不超过 50％”，这限制了网下新股供给，进一步加剧了网下机构竞争。正是因为上述一系列特殊制度安排，使得机构为了击败其他投资者，获得配售份额，而报出高于其理性估价的价格，我们将机构投资者之间的这种行为称为“过度竞争”①。而在当前中国股票市场定价规则下②，机构投资者之间的过度竞争最终导致发行价格过高，并产生新的财富分配不公问题。从市场表现来看，因为机构投资者普遍报价过高，甚至远高于发行人自身估价，从而导致发行过程出现“高超募”现象；同时，和过高定价相对应的是代表 IPO 股票估值的发行市盈率过高，并且从整体来说，IPO 发行价格相对于同类股票价格过高，即机构投资者过度竞争导致了 IPO“三高”现象。这一 IPO 询价制度改革的效应，和美国 NASDAQ 市场做市商因信息披露，导致其行为从合谋到竞争的现象较为类似（Christise et al.，1994a，1994b），所不同的是中国市场机构投资者因制度变革从合谋走向了过度竞争。

基于上述理论分析，我们提出研究假说 H1 和 H2。

---

① 过度竞争问题近年来引起了国内学者的广泛关注，例如孙立坚等（2007）对银行业过度竞争与次贷危机发生进行了研究，吴小丁等（2007）对零售业的过度竞争进行了分析，李学峰等（2012）对中国基金业的过度竞争问题做了一定的探讨。

② 尽管证监会没有成文规定，但最终 IPO 发行定价都集中在机构报价的均值和中位数附近，对此后文有详细分析。

**H1** 询价制度改革后，参与询价的机构投资者之间过度竞争，导致IPO相对发行定价过高，机构竞争越激烈，IPO相对发行定价越高。

**H2** 询价制度改革后，参与询价的机构投资者之间过度竞争，导致IPO发行出现"高市价、高市盈率和高超募率"的"三高"现象，机构竞争越激烈，"三高"问题越严重。

此外，进一步考虑IPO股票长期价格走势情况。由于询价阶段机构投资者过度竞争，导致IPO发行价格过高。随着时间的推移，上市公司信息逐步反映到股票价格中去，股价逐步回归到其基准价值、过度定价现象得到纠正，即存在股票价格回复现象。从市场截面来看，询价阶段机构投资者竞争程度越高，则IPO定价过高问题越严重，未来长期股票价格跌破发行价的可能性越高，相对于市场回报的下跌幅度越大，即超额投资回报越低。基于这一分析，我们提出相应的研究假说H3。

**H3** 从长期来看，申购过程中机构投资者之间的竞争程度越高，未来IPO股票价格跌破发行价的可能性越大，长期超额投资回报越低。

## 三、研究设计

### (一) 样本选择与数据来源

2010年10月实施的询价制度第二阶段改革，要求"发行人及其主承销商须披露参与询价的机构的具体报价情况"，这为研究询价制度下的IPO定价内在机制及相应的IPO市场现象提供了可能。本章选择的样本区间即始于询价制度第二阶段改革，从2010年11月到2011年12月。考虑到上海证券交易所主板询价机制和深圳证券交易所中小企业板、创业板询价机制的差异性①，同时考虑到这一时间区间内上交所主板发行股票数量较少，仅有70多个，因此我们剔除了上交所主板上市股票，而选择询价规则相同的中小板和创业板进行研究，总共280个样本数据。本章中涉及的核心

① 2010年10月第二阶段询价制度改革后，首次发行的股票在中小企业板、创业板上市的，发行人及其主承销商可以根据初步询价结果确定发行价格，不再进行累计投标询价；而上海市场主板定价则需要经过两个阶段，即初步询价和累计投标询价阶段。

数据，包括机构投资者详细报价及申购数据，均通过手工收集的方式，从上市公司"首次公开发行股票网下配售结果公告"中逐一进行整理，具体包括机构投资者类型、机构投资者报价和申购量等。

本章中涉及的 IPO 发行价格、发行时间、发行市盈率、IPO 募集资金等相关数据来自 Wind 数据库，IPO 发行前三年财务数据及已上市公司财务数据来自 CCER 色诺芬数据库。

### （二）变量定义

1. 被解释变量

（1）IPO 定价效率

为了从机构投资者报价角度对 IPO 询价制度改革后的定价效率及"三高"问题进行研究，我们首先需要对 IPO 定价效率进行评估。不同于传统的用 IPO 首日收盘价作为定价效率衡量标准，本章借鉴 Purnanandam 等(2004)的思路和方法，通过选择配对样本的方式来确定比较基准，用相对于配对样本的相对定价来进行衡量。其中配对样本的选择，和 Purnanandam 等(2004)相似，我们考虑行业、销售额和息税前利润 EBIT/销售额①三个指标，行业分类按照证监会标准，其中制造业细分到二级行业，其他则分到一级行业，总共 21 个行业。在配对样本选择过程中，首先剔除三年内上市的公司，同时剔除 ST 公司和金融企业，在此基础上，将同一年内同一行业的公司样本按照上一年度销售规模分为两类，并进一步对每一类销售规模样本组合按照上一年度 EBIT/销售额分为两类，这样总共形成 2×2 个样本组合②。然后我们按照 IPO 样本的行业、销售额和 EBIT/销售额，找到匹配的样本组合。在此基础上，进一步按照 IPO 样本和配对组合的销售额差值进行排序，寻找这一组合中和 IPO 样本销售额最为接近的样本，即为配对样本。

---

① Purnanandam 等(2004)原文中采用了息税折旧及摊销前利润(EBITDA)/销售额指标，由于中国市场公司上市前披露的财务信息中不包含折旧及摊销数据，因此本章中采用了息税前利润 EBIT/销售额。

② Purnanandam 等(2004)原文中分成了 3×3 组合，考虑到相比美国市场，中国股票市场相对规模较小、上市公司样本数量较少，因此我们分成 2×2 的组合。

在选择配对样本后，我们用相对估值水平的比较来分析 IPO 定价效率，具体来说，我们用配对样本在 IPO 当日的收盘价对应的市盈率作为比较基准，和 IPO 发行市盈率进行比较，具体定义如公式(3 - 1)，其中$(P/E)_{IPO}$中的每股盈余按前一会计年度经审计的扣除非经常性损益前后孰低的净利润除以本次发行后的总股本进行计算。

$$\left(\frac{P}{V}\right)_{Earnings}=\frac{(P/E)_{IPO}}{(P/E)_{Match}} \tag{3-1}$$

$$\left(\frac{P}{V}\right)_{Sales}=\frac{(P/S)_{IPO}}{(P/S)_{Match}} \tag{3-2}$$

$$\left(\frac{P}{V}\right)_{Book}=\frac{(P/B)_{IPO}}{(P/B)_{Match}} \tag{3-3}$$

$$\left(\frac{P}{V}\right)_{Earnings\_ind}=\frac{(P/E)_{IPO}}{(P/E)_{Ind}} \tag{3-4}$$

在稳健性检验部分，我们进一步采取其他相对估值指标，包括市销率、市净率指标对 IPO 相对定价效率进行稳健性检验，具体衡量如公式(3 - 2)和公式(3 - 3)。

此外，与 Bhojraj 和 Lee(2002)类似，本章进一步以 IPO 股票同行业上市公司整体作为配对样本，以 IPO 发行当日同行业股票市盈率均值作为 IPO 定价效率比较基准，来进行稳健性分析，其中同行业样本中剔除了近三年上市的公司样本，以及 ST 股票样本，具体定义如公式(3 - 4)。

(2) IPO“三高”变量

为了对 IPO 市场“三高”问题及其背后的根源进行分析，我们进一步将 IPO“三高”作为被解释变量。其中，发行价直接采用网下询价过程中确定的发行价格；市盈率则采用发行后摊薄市盈率，其中每股收益按前一会计年度经审计的扣除非经常性损益前后孰低的净利润除以本次发行后的总股本进行计算；超募率则是用实际募集资金与预计募集资金的差值和预计募集资金的比值来表示。

(3) IPO 股票长期股价走势

在分析机构竞争性报价对 IPO 股票价格长期影响的过程中，我们从两方面进行刻画，一方面是用 IPO 股票价格跌破发行价的哑变量，在 N 个交易日之后，若股票价格跌破发行价，则取“1”，否则取“0”；另一方面，我们用 IPO 股票长期投资回报相对于市场基准的超额投资回报来衡量，其中市场基准用深圳成指投资回报来表示，具体定义见表 3－1。

2. 解释变量

本章的一个核心问题是如何对机构投资者报价过程中的竞争关系进行刻画。与 Roll 等(2010)思路类似①，我们采用机构投资者在 IPO 网下申购过程中的报价偏度来表示竞争激烈程度。前面理论分析部分指出，在询价制度第二阶段改革后，机构为了确保获得 IPO 过程中的利益，往往通过选择报趋于上限的高价来获得网下配售资格，但同时不是按照所报高价，而是按照统一发行价格来获配。当全体机构投资者都有这个倾向时，整个报价将集中于右尾，即集中于报价上限，从而整体呈现“左偏”，如图 3－1 所示，相应偏度为负，即机构报价将集中在右端高价区域，而不是服从正态分布，此时体现为机构投资者过度竞争②。

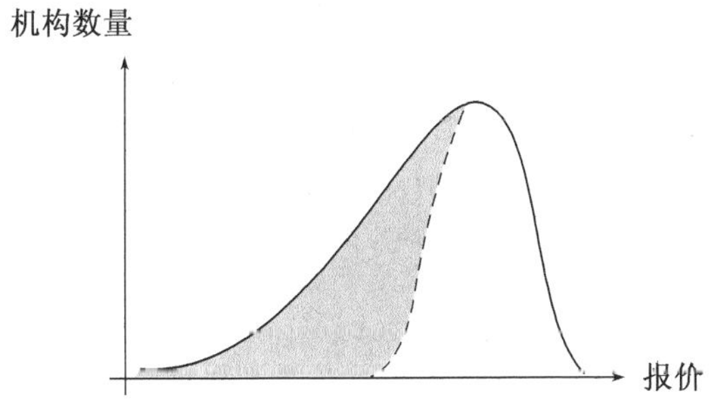


**图 3－1 机构过度竞争导致报价左偏**

与此同时，我们认为，随着参与 IPO 网下申购配售的机构投资者数量增加，机构投资者之间的竞争将加剧，机构为了赢得配售资格，将不得不报高价。因此，我们同时选择参与 IPO 网下申购配售的机构数量作为机构竞

---

① Roll 等(2010)用做市商买卖报价价差(Bid-Ask Spread)的偏度来代表做市商之间竞争程度，而本章中我们用机构投资者报价的偏度来代表机构投资者之间竞争，尽管二者形式上有差异，但实质上都是因为做市商或机构之间的竞争，使其集中选择减少利润的策略，从而整体报价上体现出“偏度”。

② 类似地，刘志远等(2011a)也提出用报价偏度来刻画机构竞争程度，但因数据可得性原因，在实证分析中并未用到该指标。

争的代理变量，在这个过程中，为了控制 IPO 规模因素的影响，我们用参与网下询价的机构投资者数量相对于 IPO 发行规模的比值来表示。

在本章的稳健性部分，我们还采用网下超额认购倍数作为机构投资者竞争的代理变量进行稳健性检验。各变量的定义见表 3-1。

3. 控制变量

为了控制其他变量对 IPO 定价效率及 IPO“三高”问题的影响，和刘志远等(2011a, 2011b)、方军雄等(2010)类似，本章在回归分析过程中控制了公司基本面因素的影响，而对公司基本面因素的刻画，我们主要利用 IPO 上市前三年的财务数据的平均值进行度量，包括公司规模、资产负债率、每股盈利、每股净资产等。此外，其他控制变量还包括第一大股东持股比例、公司年龄、承销商声誉、发行日市场氛围等，具体各变量的定义见表 3-1。

**表 3-1 变量名称及定义**

| 变量符号 | 变量名称 | 变量定义 |
|---|---|---|
| $\left(\frac{P}{V}\right)_{Earnings}$ | 相对发行价格 | IPO 发行市盈率和 IPO 当日配对样本市盈率的比值，其中配对样本的选择是按照同行业中销售额和 EBIT/销售额指标进行判断，EBIT=净利润+所得税+财务费用 |
| $\left(\frac{P}{V}\right)_{Book}$ | 相对发行价格 | IPO 发行市净率和 IPO 当日配对样本市净率的比值，其中配对样本的选择是按照同行业中销售额和 EBIT/销售额指标进行判断 |
| $\left(\frac{P}{V}\right)_{Sales}$ | 相对发行价格 | IPO 发行市销率和 IPO 当日配对样本市销率的比值，其中配对样本的选择是按照同行业中销售额和 EBIT/销售额指标进行判断 |
| $\left(\frac{P}{V}\right)_{Earnings\_ind}$ | 相对发行价格 | IPO 发行市盈率相对于 IPO 当日同行业股票市盈率均值的比例，其中同行业股票剔除三年内上市股票及 ST 股票 |
| Fund_extra | 超募比例 | (实际募集资金－预计募集资金)/预计募集资金 |
| PE_IPO | 发行市盈率 | 每股发行价格/每股收益，采用发行后摊薄市盈率，其中每股收益按前一会计年度经审计的扣除非经常性损益前后孰低的净利润除以本次发行后的总股本进行计算① |
| Skewness | 机构报价偏度 | 参与网下询价的机构报价偏度，表示机构投资者之间的竞争程度 |

① 我们同时也采用了发行前摊薄市盈率，即计算每股收益时不考虑本次发行数量来进行稳健性检验，结果相同。

**续　表**

| 变量符号 | 变量名称 | 变量定义 |
|---|---|---|
| Number | 机构投资者数量 | 参与网下申购配售的机构投资者相对数量，即用机构数量除以 IPO 发行规模，表示机构投资者之间的竞争程度 |
| Size | 公司规模 | 公司总资产的自然对数，取上市前三年平均 |
| EPS | 每股盈利 | 公司总盈利与公司总股本的比值，取上市前三年平均 |
| BPS | 每股净资产 | 公司总的净资产与公司总股本的比值，取上市前三年平均 |
| Leverage | 资产负债率 | 公司总负债与公司总资产的比值，取上市前三年平均 |
| GEM | 创业板哑变量 | 若上市公司类型为创业板，则取“1”，否则取“0” |
| Broke | 跌破发行价哑变量 | 若在股票上市后 N 个交易日股价跌破发行价，则取“1”，否则取“0” |
| Car | 长期超额投资回报 | 股票价格相对于发行价格的收益，其中时间取发行后 120、150、180、210 个交易日，并用市场指数收益进行调整，其中市场指数取深圳成指 |
| Share1 | 第一大股东持股比例 | 上市后第一大股东持股比例 |
| Age | 公司年龄 | Ln(公司上市距成立年限＋1) |
| Underwriter | 承销商声誉 | 按发行前一年 IPO 承销金额排名，若属于十大承销商，则取“1”，否则取“0” |
| Sentiment | 发行日市场氛围 | 发行前 30 个交易日深圳成指日平均回报 |

## （二）描述性统计分析

表 3－2 是对 IPO 询价制度推行以来，尤其是询价制度改革前后 IPO 发行特征①的描述性统计分析。从表 3－2 可以看到，总体来说，在 IPO 询价制度改革前，IPO 首日高回报现象突出，平均 IPO 首日回报高达 155%，但不存在所谓“三高”现象。而 2009 年询价制度改革后，首日高回报问题消失，取而代之的是 IPO“三高”问题。其中，平均发行价格在询价制度改革后高达 28.90 元，接近询价制度改革前的三倍，改革后的市盈率则超过改革前的两倍。最为突出的是高超募问题，在改革之前，几乎不存在超募现象，而

① 为使得询价制度改革前后的 IPO 发行特征具有可比性，我们仅选择深圳证券交易所中小企业板和创业板进行统计分析。

改革之后平均超募率高达147.64%。进一步比较询价制度第二阶段改革前后的IPO发行特征，我们可以看到，尽管第二阶段改革后，IPO“三高”问题有所缓和，但相比询价制度改革前，这一问题依然十分突出，并且在第二阶段改革后，出现了IPO破发现象，280个样本中有62家公司出现了首日破发，打破了中国市场IPO发行不败的神话。询价制度改革究竟对IPO定价机制产生了什么影响，使得IPO发行市场特征发生了如此巨大的变化？

**表3-2　IPO发行特征描述性统计**

| 变量名 | 发行数量（个） | 破发数量（个） | 发行价格（元） | 市盈率（倍） | 超募率（%） | 首日回报（%） |
|---|---|---|---|---|---|---|
| Panel A：询价制度改革前（2006～2008） | | | | | | |
| | 223 | 0 | 11.02 | 26.78 | 3.20 | 155.00 |
| Panel B：询价制度改革后（2009～2011） | | | | | | |
| | 653 | 62 | 28.90 | 55.00 | 147.64 | 39.30 |
| | | 询价制度第二阶段改革前 | | | | |
| | 373 | 0 | 29.62 | 57.39 | 159.81 | 50.09 |
| | | 询价制度第二阶段改革后 | | | | |
| | 280 | 62 | 27.95 | 51.82 | 131.73 | 24.93 |

我们进一步利用第二阶段询价制度改革后披露的机构报价数据，对第二阶段改革后的机构投资者报价行为及其与IPO发行价格的关系进行统计分析，结果如表3-3。我们用发行价格和机构整体报价的比值表示二者之间的关系，分别考虑IPO发行价相对于机构报价算术平均、加权平均和中位数的相对定价来进行分析。从表3-3可以看到，总体来说IPO发行价格集中在机构报价的均值和中位数附近，比均值和中位数略高，且标准差仅为0.07，即相对定价变化幅度不大。因此，我们可以认为，当前发行人和承销商在确定发行价格过程中的定价权是非常有限的，只能集中在均值和中位数附近①，这一观点和刘志远等(2011b)的研究类似。总体而言，我们认为当前的中国询价制度下，主要是机构投资者报价决定了IPO发行价格，

① 尽管证监会对此没有成文的规定，但IPO发行价格需要报证监会批准，在这个过程中发行人和承销商需要遵循默认的规则进行定价。

下面进一步从机构投资者报价行为角度对 IPO 发行定价进行系统分析。

**表 3－3　IPO 发行价与机构报价关系的描述性统计**

| | 均值 | 中位数 | 最小值 | 最大值 | 标准差 |
|---|---|---|---|---|---|
| 相对定价(算术平均) | 1.06 | 1.04 | 0.95 | 1.33 | 0.07 |
| 相对定价(加权平均) | 1.07 | 1.04 | 0.88 | 1.38 | 0.07 |
| 相对定价(中位数) | 1.06 | 1.04 | 0.97 | 1.36 | 0.07 |

我们分析不同机构投资者之间的报价行为及其差异。为了使不同股票之间的机构报价行为具有可比性，我们用相对于 IPO 发行价格的机构报价来表示机构报价行为进行分析，结果如表 3－4。从表 3－4 可以看到，在全部机构投资者报价中，基金和券商占据了主体地位，二者报价数超过总报价数的 70%，其中基金报价将近 50%。从报价的分布情况来看，QFII 报价区间最为集中，和发行价最为接近，而推荐类机构报价区间最大，且其最高报价超过发行价的两倍。此外，分析各机构投资者报价过程中的偏度，我们首先求出每一类机构在单个股票 IPO 中的报价偏度，再求出该类机构总体平均偏度，可以看到除了信托类机构外，其余机构投资者报价过程中的偏度均为负，即报价集中在高价区域，从而体现了这类投资者内部存在过度竞争关系。

**表 3－4　不同机构报价行为描述性统计**

| | 报价数 | 报价数占比(%) | 均值 | 中位数 | 标准差 | 最小值 | 最大值 | 偏度 |
|---|---|---|---|---|---|---|---|---|
| 基金 | 12 531 | 46.25 | 0.949 0 | 0.960 6 | 0.141 6 | 0.300 0 | 1.718 8 | −0.125 3 |
| 券商 | 7 194 | 26.55 | 0.935 6 | 0.941 2 | 0.152 1 | 0.416 7 | 1.722 0 | −0.065 6 |
| 财务公司 | 1 226 | 4.53 | 0.961 6 | 0.969 1 | 0.138 7 | 0.358 3 | 1.562 5 | −0.074 4 |
| 信托 | 2 528 | 9.33 | 0.961 0 | 0.967 0 | 0.141 3 | 0.456 6 | 1.669 3 | 0.212 1 |
| 保险 | 2 252 | 8.31 | 0.899 6 | 0.917 2 | 0.166 4 | 0.295 7 | 1.787 3 | −0.165 6 |
| QFII | 49 | 0.18 | 0.971 7 | 1.000 0 | 0.131 8 | 0.621 1 | 1.304 3 | −0.101 8 |
| 推荐类 | 1 307 | 4.82 | 0.951 0 | 0.962 3 | 0.158 9 | 0.172 4 | 2.209 3 | −0.322 6 |
| 总体 | 27 093 | 100 | 0.943 2 | 0.952 4 | 0.148 1 | 0.172 4 | 2.209 3 | −0.078 9 |

此外，我们对机构投资者报价的偏度情况进行分析。我们首先对 280 个样本的整体相对于发行价格的报价进行分析，根据 Kolmogorov-Smirnov 检验，对应的 D 统计量为 0.054 9，相应的 P 值小于 0.01。因此，可以得出

机构整体报价并不服从正态分布,对应的偏度为－0.010,即机构投资者整体报价呈“左偏”,从而体现了机构投资者之间的过度竞争行为。

与此同时,我们进一步针对280个IPO样本,逐一进行正态分布检验。检验结果①表明,280个样本中,有220个样本不服从正态分布,其中145个样本偏度显著为负,即出现“左偏”,而85个样本偏度显著为正,即出现“右偏”,另外仅有50个IPO样本服从正态分布。进一步对报价偏度整体进行描述性统计分析,280个样本中52%的样本偏度显著为负,并且样本总体的均值和中位数分别为－0.126 3和－0.125 8,且无论是t检验还是Wilcoxon符号秩和检验,均在1%显著性水平上显著异于0,从而说明280个样本报价偏度显著为负,这一结论为我们采用偏度指标进行分析提供了较为充分的依据。

## 四、实证结果与分析

### (一) 机构投资者竞争行为与IPO发行定价效率分析——对研究假说H1的检验

我们借鉴Purnanandam等(2004)方法,通过寻找配对样本,用配对样本在IPO当日的市盈率作为IPO定价基准,对IPO发行定价效率进行研究,结果如表3-5。从表3-5可以看到,IPO相对发行价格的均值和中位数分别达1.414 4和1.162 0,相对于基准的过高定价部分,均值和中位数分别为0.414 4和0.162 0,且过高定价部分在1%水平下显著异于0,即说明询价制度改革后,IPO发行定价过高现象十分普遍,从而初步验证了研究假说H1②。

进一步分析相对发行价格与IPO“三高”现象的关系,发现相对发行价格越高、IPO定价过高问题越突出,则IPO绝对发行价越高、市盈率越大,同时资金超募问题越严重,且这些关系至少在5%水平下显著。

---

① 因为每个IPO报价样本量<2 000,此处我们采用Shapiro-Wilk检验方法对每一个IPO报价分布进行检验,并在10%的显著性水平上分析报价是否服从正态分布。

② 我们也分析了2009年询价制度改革前的情况,发现相对估值的均值和中位数分别为0.65和0.69,即在询价制度改革前存在IPO定价过低的问题。

**表 3-5 IPO 相对发行价格及其与 IPO“三高”关系的分析**

Panel A:IPO 相对发行价格

| | 均值 | 中位数 | 最小值 | 最大值 | 标准差 |
|---|---|---|---|---|---|
| IPO 相对发行价 | 1.414 4 | 1.162 0 | 0.213 1 | 16.606 7 | 1.509 5 |
| IPO 过高定价 | 0.414 4*** | 0.162 0 | | | |
| | (<0.000 1) | | | | |

Panel B:相对发行价格与“三高”现象

| | 发行价 | 市盈率 | 超募比率 |
|---|---|---|---|
| 相关系数 | 0.177 5*** | 0.287 3*** | 0.123 6** |
| | (0.01) | (<0.000 1) | (0.05) |

注:括号内为 p 值,***、**、* 分别表示 1%、5%和 10%显著性水平。

进一步分析机构投资者竞争行为对 IPO 相对价格的影响,其中机构投资者竞争,我们分别用参与询价的机构投资者报价偏度,以及机构投资者相对数量来表示,结果如表 3-6。从表 3-6 可以看到,机构报价左偏越严重、投资者之间竞争越激烈,则相对于基准价值,IPO 发行定价越高,相应地过高定价问题越严重,从而可以看出,是机构投资者之间的竞争行为,尤其是因询价制度改革后的制度安排不合理引起的机构过度竞争导致了 IPO 发行定价过高。在这个过程中,财富分配过于向发行人倾斜,而不利于参与询价配售的机构投资者。类似地,当我们用机构投资者相对数量来表示机构竞争时,发现机构相对数量越多、机构投资者竞争越激烈,则 IPO 相对定价越高。上述研究很好地验证了本章研究假说 H1,即机构投资者过度竞争导致了 IPO 发行价格过高。

**表 3-6 机构投资者竞争行为与 IPO 定价效率分析**

| | 模型 1 | 模型 2 | 模型 3 | 模型 4 |
|---|---|---|---|---|
| *Skewness* | **−0.463 8**** | **−0.460 4**** | | |
| | **(−2.05)** | **(−1.98)** | | |
| *Number* | | | **0.901 1*** | **1.912 6*** |
| | | | **(1.72)** | **(1.64)** |
| *Size* | | 0.128 4 | | 0.342 5* |
| | | (0.92) | | (1.69) |

续　表

| | 模型 1 | 模型 2 | 模型 3 | 模型 4 |
|---|---|---|---|---|
| *Leverage* | | 0.772 0 | | 0.545 9 |
| | | (1.43) | | (0.95) |
| *EPS* | | −0.260 1 | | −0.268 9 |
| | | (−0.79) | | (−0.76) |
| *BPS* | | 0.079 0 | | 0.037 2 |
| | | (0.61) | | (0.25) |
| *GEM* | | 0.173 2 | | 0.193 9 |
| | | (1.13) | | (0.97) |
| *Share*1 | | 0.645 6 | | 0.553 6 |
| | | (1.18) | | (0.97) |
| *Age* | | −0.198 6 | | −0.162 2 |
| | | (−1.21) | | (−0.99) |
| *Underwriter* | | −0.130 0 | | −0.098 8 |
| | | (−0.65) | | (−0.52) |
| *Sentiment* | | −0.337 8 | | −1.070 4 |
| | | (−0.56) | | (−0.80) |
| *Constant* | 1.361 9*** | −1.494 7 | 1.232 9*** | −5.936 6 |
| | (16.20) | (−0.56) | (6.39) | (−1.38) |
| Adj. $R^2$ | 0.027 | 0.020 | 0.006 | 0.047 |

注：括号内为经过 Huber-White 异方差调整的 t 统计量，***、**、* 分别表示 1%、5%和 10%显著性水平。

### （二）机构投资者竞争与 IPO 发行“三高”问题分析——对研究假说 H2 的检验

我们进一步从机构投资者询价申购过程中的竞争行为角度，分析询价制度改革后 IPO“三高”问题产生的内在根源。从表 3 - 7 可以看到，无论用机构投资者报价偏度还是机构相对数量来代表机构竞争。我们看到机构竞争对 IPO 发行价格、发行市盈率和资金超募有显著影响，机构报价左偏越严重、参与询价申购的机构数量越多，则 IPO 发行价和发行市盈率越高、资金超募现象越严重，从而很好地验证了本章研究假说 H2，即 IPO“三高”问题的产生。本质上说，是因为中国特色询价制度安排的不合理性，导致了机构投资者之间的过度竞争，这一过度竞争行为迫使 IPO 发行定价过高，并同时导致了“三高”问题的产生。

**表 3-7　机构投资者竞争行为与 IPO“三高”问题**

| | 资金超募 | | 市盈率 | | 发行价 | |
|---|---|---|---|---|---|---|
| | 模型 1 | 模型 2 | 模型 3 | 模型 4 | 模型 5 | 模型 6 |
| *Skewness* | **−0.408 0**** | | **−11.244 6***** | | **−6.431 6***** | |
| | **(−2.41)** | | **(−4.10)** | | **(−4.27)** | |
| *Number* | | **1.880 7***** | | **85.314 2***** | | **41.419 9***** |
| | | **(2.87)** | | **(4.42)** | | **(4.50)** |
| *Size* | −0.035 5 | 0.170 2 | −4.545 7* | 4.689 8 | −0.895 5 | 3.600 9** |
| | (−0.29) | (1.15) | (−1.66) | (1.55) | (−0.55) | (1.95) |
| *Leverage* | −0.125 3 | −0.465 9 | 24.071 1** | 9.965 5 | 4.956 2 | −2.069 2 |
| | (−0.25) | (−0.89) | (2.09) | (0.87) | (0.73) | (−0.29) |
| *EPS* | 0.609 1** | 0.574 5** | −19.345 7*** | −19.705 8*** | 22.736 8*** | 22.399 8*** |
| | (2.41) | (2.28) | (−4.66) | (−4.76) | (7.52) | (7.60) |
| *BPS* | −0.178 3** | −0.214 2*** | 0.834 5 | −1.033 7 | −1.369 7 | −2.244 7** |
| | (−2.24) | (−2.63) | (0.57) | (−0.73) | (−1.27) | (−2.16) |
| *GEM* | 0.292 9* | 0.297 0* | 7.621 3*** | 7.421 6*** | 3.716 3** | 5.333 1*** |
| | (1.91) | (1.89) | (2.61) | (2.63) | (2.14) | (2.91) |
| *Share*1 | −0.051 4 | −0.129 4 | 10.623 1 | 6.955 7 | 7.048 8 | 5.285 8 |
| | (−0.14) | (−0.37) | (1.35) | (0.94) | (1.48) | (1.15) |
| *Age* | −0.043 5 | 0.002 7 | −4.333 1 | −2.712 8 | −2.013 1 | −1.163 1 |
| | (−0.35) | (0.02) | (−1.35) | (−1.07) | (−1.20) | (−0.82) |
| *Underwriter* | −0.056 0 | −0.030 8 | −2.303 2 | −1.138 3 | −0.212 2 | 0.350 5 |
| | (−0.43) | (−0.23) | (−0.88) | (−0.45) | (−0.14) | (0.24) |
| *Sentiment* | 3.107 5*** | 2.552 2*** | 65.692 8*** | 41.170 1** | 44.337 9*** | 32.342 8* |
| | (2.93) | (2.47) | (3.14) | (2.00) | (4.19) | (3.11) |
| *Constant* | 2.146 0 | −2.073 3 | 146.546 1*** | −43.531 7 | 27.964 4 | −64.494 8* |
| | (0.94) | (−0.73) | (2.65) | (−0.74) | (0.90) | (−1.85) |
| Adj. $R^2$ | 0.095 | 0.085 | 0.260 | 0.331 | 0.378 | 0.410 |

注：括号内为经过 Huber-White 异方差调整的 t 统计量，***、**、* 分别表示 1%、5%和 10%显著性水平。

### （三）机构投资者竞争与 IPO 股票长期价格走势——对研究假说 H3 的检验

首先我们从 IPO 股票跌破发行价的角度来进行分析。我们分析了 IPO 上市发行后 120、150、180 和 210 个交易日的情况，若上市发行后第 N

个交易日的股票收盘价格低于发行价格，则相应的跌破发行价哑变量取“1”，否则取“0”，结果如表3－8。从表3－8我们可以看到，代表机构竞争程度的报价偏度对股票价格是否跌破发行价有显著影响，随着机构报价左偏程度的加剧、投资者竞争程度的提高，则长期来看股票跌破发行价的概率越高。其中的原因是机构过度竞争使得IPO发行定价过高，长期来看随着信息的逐步披露，股票价格逐步趋于其内在价值，从而出现跌破发行价的情况，因而证明了本章提出的研究假说H3。同时我们进一步用机构投资者相对数量作为机构竞争的代理变量进行分析，结果类似，限于篇幅此处不再报道。

**表3－8　IPO长期跌破发行价的概率分析**

| | 120个交易日 | 150个交易日 | 180个交易日 | 210个交易日 |
|---|---|---|---|---|
| *Skewness* | **−0.6989*****<br>**(−2.76)** | **−0.4657****<br>**(−1.99)** | **−0.4725***<br>**(−1.88)** | **−0.5087***<br>**(−1.87)** |
| *Size* | 1.0206***<br>(2.51) | 0.7407**<br>(1.94) | 0.5330<br>(1.35) | 0.4445<br>(1.01) |
| *Leverage* | −2.4768*<br>(−1.82) | −1.4199<br>(−1.03) | −0.4024<br>(−0.28) | 0.4648<br>(0.29) |
| *EPS* | 1.1393**<br>(2.30) | 0.1507<br>(0.35) | −0.0939<br>(−0.19) | 0.1289<br>(0.24) |
| *BPS* | −0.3712*<br>(−1.87) | −0.1009<br>(−0.54) | −0.0536<br>(−0.27) | 0.0037<br>(0.02) |
| *GEM* | 0.7546**<br>(2.06) | 0.6986**<br>(1.97) | 0.5961<br>(1.43) | 0.2076<br>(0.48) |
| *Share*1 | 1.0785<br>(1.42) | 0.2914<br>(0.38) | −0.8184<br>(−1.00) | −0.3968<br>(−0.47) |
| *Age* | 0.0305<br>(0.13) | 0.0111<br>(0.05) | −0.3687<br>(−1.40) | −0.3564<br>(−1.30) |
| *Underwriter* | −0.7710***<br>(−2.73) | −0.4959*<br>(−1.79) | −0.5452*<br>(−1.79) | −0.3828<br>(−1.18) |
| *Sentiment* | 1.0959<br>(0.48) | −1.3340<br>(−0.61) | −0.9134<br>(−0.37) | 4.5594*<br>(1.66) |
| *Constant* | −18.9742***<br>(−2.47) | −13.6467*<br>(−1.90) | −8.3351<br>(−1.11) | −7.2852<br>(−0.87) |
| Pseudo $R^2$ | 0.088 | 0.048 | 0.060 | 0.067 |

注：括号内为经过Huber-White异方差调整的z统计量，***、**、*分别表示1%、5%和10%显著性水平。

与此同时，我们进一步从 IPO 股票的长期超额投资回报角度进行分析，结果如表 3－9，其中长期超额投资回报，我们用股票价格相对于发行价格的变化来表示，并用深证成指对应的收益进行调整。从表 3－9 我们可以看到，在控制公司基本面因素影响之后，无论是 IPO 股票上市后 120、150 个交易日，还是 180、210 个交易日，报价偏度对长期超额投资回报的影响均显著为正，即当机构报价出现过度竞争、相应的报价偏度为负时，长期超额回报显著降低，从而进一步论证了研究假说 H3。同样我们用投资者相对数量作为投资者竞争的另一个指标进行分析，结果类似。

**表 3－9　IPO 长期超额回报的影响因素分析**

| | 120 个交易日 | 150 个交易日 | 180 个交易日 | 210 个交易日 |
|---|---|---|---|---|
| *Skewness* | **0.120 1*****<br>**(4.58)** | **0.094 1*****<br>**(3.44)** | **0.106 1*****<br>**(4.00)** | **0.076 3****<br>**(2.36)** |
| *Size* | −0.060 6<br>(−1.60) | −0.068 7<br>(−1.58) | −0.044 5<br>(−1.29) | −0.045 2<br>(−1.39) |
| *Leverage* | 0.117 8<br>(0.78) | 0.065 8<br>(0.41) | −0.013 5<br>(−0.10) | −0.040 5<br>(−0.26) |
| *EPS* | −0.080 8<br>(−1.52) | −0.097 4*<br>(−1.79) | −0.052 6<br>(−1.07) | −0.051 3<br>(−0.79) |
| *BPS* | 0.015 6<br>(0.62) | 0.036 4<br>(1.39) | 0.013 0<br>(0.64) | 0.002 5<br>(0.11) |
| *GEM* | −0.024 8<br>(−0.65) | −0.022 2<br>(−0.54) | −0.054 5<br>(−1.42) | −0.021 1<br>(−0.49) |
| *Share*1 | −0.066 9<br>(−0.81) | −0.087 7<br>(−1.03) | 0.077 1<br>(0.97) | 0.069 0<br>(0.75) |
| *Age* | −0.000 1<br>(−0.01) | −0.002 0<br>(−0.54) | −0.006 6<br>(−0.24) | 0.033 1<br>(1.08) |
| *Underwriter* | 0.062 3**<br>(1.94) | 0.068 6**<br>(2.16) | 0.066 6**<br>(2.04) | 0.058 3*<br>(1.68) |
| *Sentiment* | 0.390 6<br>(1.55) | 0.720 1***<br>(2.94) | 0.558 4**<br>(2.11) | −0.166 3<br>(−0.57) |
| *Constant* | 1.278 3*<br>(1.77) | 1.448 5*<br>(1.76) | 0.979 3<br>(1.48) | 0.931 9<br>(1.50) |
| Adj. $R^2$ | 0.075 | 0.072 | 0.078 | 0.049 |

注：括号内为经过 Huber-White 异方差调整的 t 统计量，***、**、* 分别表示 1%、5%和 10%显著性水平。

## 五、稳健性检验

### (一) IPO 发行定价效率的稳健性检验

如何对 IPO 股票发行定价效率进行评判是本章研究的关键。和 Purnanandam 等(2004)类似，我们在获得配对样本基础上，进一步采取其他相对估值指标，包括市销率和市净率进行稳健性检验，具体定价效率指标如公式(3－2)和公式(3－3)，结果如表 3－10。从表 3－10 可以看到，无论是用市净率还是市销率为相对价格比较基准，偏度对定价效率的影响显著为负，机构投资者相对数量对定价效率的影响显著为正，从而进一步验证了本章的研究假说 H1。

**表 3－10　机构投资者竞争行为与 IPO 定价效率(以市净率和市销率为基准)**

| | 以市净率为基准 | | 以市销率为基准 | |
|---|---|---|---|---|
| | 模型 1 | 模型 2 | 模型 3 | 模型 4 |
| *Skewness* | **−0.092 1**<br>**(−2.29)** | | **−0.239 1**<br>**(−1.66)** | |
| *Number* | | **0.450 3**<br>**(2.24)** | | **2.063 4**<br>**(2.35)** |
| *Size* | 0.118 3***<br>(2.88) | 0.168 3***<br>(3.69) | 0.391 6**<br>(1.95) | 0.620 5***<br>(2.70) |
| *Leverage* | 0.096 9<br>(0.55) | 0.036 1<br>(0.20) | −1.547 1***<br>(−2.43) | −1.854 8***<br>(−2.89) |
| *EPS* | 0.245 2***<br>(3.24) | 0.243 6***<br>(3.23) | 0.932 8***<br>(2.85) | 0.943 6***<br>(2.97) |
| *BPS* | −0.086 1***<br>(−3.41) | −0.096 2***<br>(−3.81) | −0.356 9***<br>(−3.54) | −0.406 4***<br>(−3.90) |
| *GEM* | −0.061 7<br>(−1.28) | −0.057 5<br>(−1.20) | −0.038 7<br>(−0.23) | −0.036 6<br>(−0.22) |
| *Share*1 | −0.003 8<br>(−0.04) | −0.020 5<br>(−0.19) | 0.582 9<br>(1.22) | 0.047 7<br>(0.97) |
| *Age* | −0.065 2*<br>(−1.79) | −0.055 7<br>(−1.54) | −0.327 4*<br>(−1.89) | −0.292 8*<br>(−1.71) |

续　表

| | 以市净率为基准 | | 以市销率为基准 | |
|---|---|---|---|---|
| | 模型 1 | 模型 2 | 模型 3 | 模型 4 |
| *Underwriter* | −0.027 5<br>(−0.65) | −0.022 4<br>(−0.53) | −0.082 9<br>(−0.51) | −0.068 9<br>(−0.43) |
| *Sentiment* | −0.101 3<br>(−0.30) | −0.291 2<br>(−0.83) | 0.881 4<br>(0.85) | 0.067 2<br>(0.06) |
| *Constant* | 1.542 1**<br>(2.06) | 2.580 9***<br>(−2.98) | −4.985 0<br>(−1.34) | −9.704 5**<br>(−2.22) |
| Adj. $R^2$ | 0.126 | 0.124 | 0.094 | 0.115 |

注：括号内为经过 Huber-White 异方差调整的 t 统计量，***、**、* 分别表示 1%、5%和 10%显著性水平。

此外，与 Bhojraj 和 Lee(2002)类似，本章进一步以 IPO 发行日同行业股票市盈率的均值作为 IPO 基准价值，来进行稳健性检验，结果如表 3－11。我们看到，当采用新的 IPO 基准价值衡量其真实价格时，结果和前文表 3－6 类似，即机构报价左偏越严重、参与申购的机构投资者数量越多，相应的机构投资者竞争越激烈，则 IPO 相对发行定价越高、过高定价问题越突出，从而进一步说明本章的主要结论是稳健的。

**表 3－11　机构投资者竞争行为与 IPO 定价效率(以同行业市盈率均值为基准)**

| | 模型 1 | 模型 2 | 模型 3 | 模型 4 |
|---|---|---|---|---|
| *Skewness* | **−0.169 7*****<br>**(−4.20)** | **−0.156 1*****<br>**(−4.22)** | | |
| *Number* | | | **0.774 4*****<br>**(3.50)** | **0.752 1*****<br>**(3.03)** |
| *Size* | | −0.028 2<br>(−0.72) | | 0.062 5<br>(1.12) |
| *Leverage* | | 0.305 6*<br>(1.67) | | 0.204 1<br>(1.01) |
| *EPS* | | −0.261 1***<br>(4.32) | | −0.266 7***<br>(4.19) |
| *BPS* | | 0.000 1<br>(0.00) | | −0.017 1<br>(−0.71) |

续 表

| | 模型 1 | 模型 2 | 模型 3 | 模型 4 |
|---|---|---|---|---|
| *GEM* | | 0.143 2*** | | 0.152 0** |
| | | (2.99) | | (3.09) |
| *Share*1 | | 0.327 6*** | | 0.290 1*** |
| | | (2.67) | | (2.47) |
| *Age* | | −0.060 9 | | −0.056 0 |
| | | (−1.39) | | (−1.31) |
| *Underwriter* | | −0.063 6 | | −0.060 7 |
| | | (−1.47) | | (−1.41) |
| *Sentiment* | | 0.108 4 | | −0.108 0 |
| | | (0.30) | | (−0.31) |
| *Constant* | 1.093 7*** | 1.667 7** | 0.956 3*** | −0.173 3 |
| | (47.42) | (2.16) | (21.22) | (−0.16) |
| Adj. $R^2$ | 0.055 | 0.190 | 0.060 | 0.181 |

注:括号内为经过 Huber-White 异方差调整的 t 统计量,***、**、* 分别表示 1%、5%和 10%显著性水平。

### (二) 机构投资者竞争行为的稳健性分析

如何对机构投资者竞争行为进行度量是本章的另一个关键。我们进一步借鉴 Zhang(2006)、Green 和 Hwang(2012)等的方法,用投资者申购过程中的报价分布差异的方法来表示过度竞争。具体定义如公式(3-5),其中 $P_i$ 表示机构报价的第 $i$ 分位数,当机构报价上限和中位数之间的距离,比机构报价下限和中位数之间的距离更为接近时,我们认为机构报价集中于高价位部分、机构之间存在过度竞争现象。当我们采用这一新的过度竞争代理变量进行分析时,结果如表 3-12。可以看到无论用市盈率 PE、市净率 PE 还是市销率 PS 作为定价效率度量的比较基准,新的偏度度量指标,即新的过度竞争代理变量对 IPO 相对定价的影响显著为负,即机构之间竞争越激烈、机构报价越集中于报价上限,新的偏度指标左偏程度越大,IPO 相对定价水平越高,从而进一步验证了本章的主要结论。

$$Skewness\_2=\frac{(P_{99}-P_{50})-(P_{50}-P_1)}{(P_{99}-P_1)} \qquad (3-5)$$

**表 3－12 机构投资者竞争行为与 IPO 定价效率(机构竞争稳健性分析)**

| | 模型 1(PE) | 模型 2(PB) | 模型 4(PS) |
|---|---|---|---|
| *Skewness_2* | **−2.925 1**** | **−0.336 6*** | **−1.137 8*** |
| | **(−2.22)** | **(−1.70)** | **(−1.64)** |
| *Size* | 0.100 4 | 0.114 9*** | 0.380 2* |
| | (0.75) | (2.77) | (1.89) |
| *Leverage* | 0.884 8* | 0.113 6 | −1.501 6** |
| | (1.64) | (0.64) | (−2.37) |
| *EPS* | −0.247 2 | 0.241 3*** | 0.928 2*** |
| | (−0.76) | (3.16) | (2.84) |
| *BPS* | 0.080 8 | −0.085 0*** | −0.354 6*** |
| | (0.63) | (−3.30) | (−3.53) |
| *GEM* | 0.126 4 | −0.063 8 | −0.051 8 |
| | (0.79) | (−1.32) | (−0.30) |
| *Share*1 | 0.581 7 | −0.004 3 | 0.570 9 |
| | (1.10) | (−0.04) | (1.19) |
| *Age* | −0.213 8 | −0.065 2* | −0.330 7* |
| | (−1.28) | (−1.79) | (−1.91) |
| *Underwriter* | −0.145 4 | −0.028 2 | −0.088 6 |
| | (−0.72) | (−0.67) | (−0.55) |
| *Sentiment* | −0.148 7 | −0.095 9 | 0.922 0 |
| | (−0.13) | (−0.28) | (0.91) |
| *Constant* | 0.558 3 | −1.306 0* | −4.181 0 |
| | (0.24) | (−1.69) | (−1.10) |
| Adj. $R^2$ | 0.036 | 0.118 | 0.094 |

注:括号内为经过 Huber-White 异方差调整的 t 统计量,***、**、* 分别表示 1%、5%和 10%显著性水平。

另外,我们采用网下申购过程中机构投资者超额认购倍数,作为机构投资者竞争的代理变量进行稳健性分析。机构超额认购倍数越高,代表机构竞争越激烈,结果表明除部分指标显著性水平下降之外,总体来说和表 3－6 类似,进一步说明本章的结论是稳健的,限于篇幅此处不再具体报道。

## 六、主要结论与政策建议

2009年中国股票市场IPO询价制度改革后，尽管IPO首日高回报现象消失了，但取而代之的是IPO“三高”问题，即高发行价、高市盈率和高超募率，使得IPO过程中发行人和投资者之间财富分配不公现象严重。这一问题已成为当前制约中国股票市场发展的关键性问题。对此，我们利用询价制度第二阶段改革后披露的网下机构投资者详细报价数据，从机构投资者报价行为视角进行研究。研究结果表明，IPO“三高”现象背后的本质，是询价制度改革后IPO发行出现了相对定价过高的问题，进一步分析其内在根源，是由于中国股票市场IPO询价制度安排不合理，导致参与询价申购的机构投资者之间过度竞争，并由此产生机构报价过高的问题，而机构整体报价过高进一步导致IPO定价过高及IPO“三高”现象的出现。此外，通过对IPO股票长期股价走势的分析，我们发现随着询价阶段机构投资者竞争程度的加剧，IPO股票价格跌破发行价的概率增加，相对于市场的长期超额投资回报降低。因此我们可以看到，在整个IPO询价过程中，由于IPO定价过高，财富分配向发行人过度倾斜，而参与询价配售的机构投资者由于过度竞争导致获利空间大幅度减小、甚至投资回报为负。对此，部分机构投资者已明确申明退出IPO询价配售①。

基于本章的研究，我们认为，总体来说当前IPO发行定价制度市场化改革的方向是对的，但需要进一步完善询价机制设计、提升IPO定价效率，其中的核心是优化参与询价的机构投资者激励约束机制，促进其合理竞争，以提高IPO定价效率及相应的财富分配公平性。具体来说，一方面是调整当前网下网上股票配售比例，大幅增加IPO网下配售过程中的新股供给量，缓解机构投资者竞争。另一方面则是改变当前的同比例配售及摇号配售制度，采取“等额配售机制”，即对高于发行价格的报价单按照其实际申购

① 2011年12月28日，华宝兴业基金官网上发布了一条“致尊敬的发行人、保荐机构”的“友情提示”，表示“为提高公司投研工作效率，决定即日起公司管理的公募基金暂停参与各发行人的IPO询价，暂停接待各发行人、保荐机构的IPO路演。”

量大小进行等额配售，来加大对机构投资者的激励约束，促使其合理报价。而最根本的措施，则是进一步推进发行制度改革，逐步从当前的核准制改革为注册制，以改变IPO资源稀缺性与投资者炒作现象①。

① 在本章初稿完成后不久的2012年4月28日和5月18日，证监会先后颁布了《关于进一步深化新股发行体制改革的指导意见》和《关于修改〈证券发行与承销管理办法〉的决定》，标志着询价制度第三阶段改革展开。其中涉及的部分政策改进，比如加大网下配售股票供给，和本章的政策建议一致，但我们认为这次改革对机构投资者激励约束机制的改进尚不够，同时也未触及根本性的IPO发行制度改革，因此此次改革很可能收效甚微。

# 第四章　询价制度下的机构投资者报价行为与IPO定价研究[①]

中国股票市场2005年开始引入IPO询价制度，并先后六次对这一制度进行改革完善，然而实施效果并不理想，先后出现了IPO首日超高回报及IPO“三高”问题。本章在上一章研究的基础上，结合前三次询价制度改革，从参与询价的机构投资者行为入手，研究询价机制及其改革的有效性。研究结果表明，在询价制度推出到改革之前，IPO折价发行，并由此产生了首日超高回报问题，其根源是参与询价的机构投资者合谋来压低报价，相应地在这个过程中财富分配向机构投资者倾斜；询价制度改革后IPO溢价发行，并产生了“三高”问题，进一步研究发现，改革虽然打破了机构投资者之间的合谋，但制度设计不合理导致了机构过度竞争并产生报价过高问题，相应地在这个过程中财富分配有利于发行人和承销商。基于本章的研究，我们认为进一步需要通过优化机构投资者激励约束机制、引导机构合理竞争来提高IPO定价效率和财富分配公平性。

## 一、引　言

市场化改革一直以来是中国股票市场发展的方向，IPO发行定价机制作为股票市场一项核心内容，近年来在市场化方面取得了重要突破和进展，尤其是2005年1月1日开始，中国证监会推行有中国特色IPO询价制度，以此来取代之前的固定市盈率定价发行制度，在IPO定价市场化方面迈出

---

① 根据本章内容修改后的论文获2012年“TCFA Best Paper Award”——全美华人金融协会(The Chinese Finance Association)最佳论文奖。

了关键性一步。与此同时，证监会先后于 2009 年 6 月、2010 年 10 月和 2012 年 4 月进行了三个阶段的询价制度改革，进一步完善这一定价制度。然而，询价制度推行七年多来，其效果似乎并不如人意，其中 2009 年询价制度改革之前，IPO 首日超高回报问题非常严重，IPO 首日平均回报高达 147.65%，并且这一超高回报几乎是无风险的；而 2009 年改革之后，尽管首日超高回报现象消失了，但取而代之的是在 IPO 过程中出现了所谓“三高”现象，即高发行价、高市盈率和高超募率，其中平均超募比例高达 141.63%，平均市盈率则高达 53.81 倍。此外，自 2010 年上半年开始，部分股票 IPO 过程中出现了首日破发现象，打破了中国市场 IPO 发行不败的神话，并且破发的比例越来越高。我们不禁要问，IPO 询价制度的推行和改革，究竟是提高了发行定价效率还是降低了定价效率？我们应该如何评价询价制度及其改革？IPO 首日超高投资回报及“三高”现象背后的根源是什么？与 IPO 询价制度改革有什么关系？询价制度的推行及改革，对参与 IPO 定价的利益相关方，包括发行人、承销商、参与询价的机构投资者而言①，分别意味着什么？

本章首先借鉴 Purnanandam 等(2004)的思路，通过寻找同行业配对样本来确定有效定价基准，对 2005 年 1 月 1 日开始的中国特色询价制度下的 IPO 定价效率问题进行研究。研究结果表明，在 IPO 询价制度改革之前，中国市场 IPO 过程中普遍存在折价发行的现象，平均来说发行价格比基准价格低 23%，并由此导致了 IPO 首日超高回报。进一步研究表明，折价发行的原因是作为询价方的机构投资者合谋操控市场、压低发行价格来实现其利益最大化，因此在询价制度改革前，IPO 财富分配效应向参与询价的机构投资者倾斜。而 2009 年询价制度改革之后，从 2009 年 6 月到 2011 年 12 月，相对配对样本而言，IPO 发行价比基准价格高出 59%，即存在溢价发行的现象，并由此导致了 IPO“三高”问题，以及 IPO 首日破发现象的频繁出现。进一步研究表明，溢价发行的原因是询价制度改革打破了机构投资者

① 本章主要研究中国股票市场网下询价过程中的定价与配售，因此暂不考虑其他利益相关方，包括参与网上“打新”的投资者和上市首日“炒新”投资者。

之间的合谋，但由于制度设计不合理，引起了机构投资者过度竞争，使得机构普遍报价偏高，在这个过程中财富分配效应向发行人和承销商倾斜。这一研究结论与 Christie 和 Schultz（1994）、Christie 等（1994）关于美国 NASDAQ 市场做市商合谋竞争的研究非常类似，所不同的是中国市场 IPO 询价过程中机构投资者从合谋走向了过度竞争。

相对已有研究，本章的主要贡献有三点：第一，通过利用新的方法和比较基准对 IPO 定价效率进行刻画和评价。现有研究中，普遍以 IPO 首日收盘价为比较基准（如蒋顺才等，2006；杨记军和赵昌文，2006；朱红军等，2010；陈工孟等，2011），然而在中国投资者理性程度不高、IPO 资源相对稀缺的情况下，加上 IPO 首日不设涨跌幅限制的特殊制度背景，使得 IPO 首日投机性交易十分普遍，首日收盘价包含诸多非理性因素，因此用首日收盘价来衡量 IPO 定价效率是值得商榷的。本章通过采用样本配对方法，对 IPO 询价制度推行以来的 IPO 定价效率进行了更为科学和全面的刻画和分析。

第二，对改革前后机构投资者行为及相应的财富分配效应进行系统研究，揭示 IPO 首日超高回报及"三高"问题背后的根源。邵新建等（2009）、陆蓉等（2010）、刘志远等（2011a，2011b）对 IPO 询价制度进行了一定的研究，并得到了比较有意义的结论，但对询价制度内在机制及相关的 IPO 首日超高回报和"三高"问题缺乏探讨和分析。本章通过分析中国特色 IPO 询价制度，从询价机制设计角度揭示了 IPO 过程中各种问题的根源。

第三，结合询价制度改革，从参与询价的机构投资者行为入手分析 IPO 定价产生过程，从而在一定程度上打开了 IPO 定价黑箱。由于制度背景差异及数据可得性约束等原因，目前国内外学术界对中国市场 IPO 问题的研究，尚未深入触及中国特色 IPO 询价制度内部，尚未能打开 IPO 发行定价黑箱。邵新建等（2009）、陆蓉等（2010）、刘志远等（2011a，2011b）对参与询价的机构投资者行为进行尝试性研究，得到了很有意义的结论，但由于数据可得性限制等原因，这些理论在刻画机构报价行为方面，尚存在较大不足。本章利用机构投资者报价数据，对机构投资者报价行为进行深入刻画和分析，一定程度打开了 IPO 定价黑箱。

本章结构如下，第二部分制度背景与文献回顾，第三部分理论分析与研究假说的提出，第四部分研究设计，第五部分实证结果与分析，第六部分稳健性检验，第七部分研究结论与政策建议。

## 二、制度背景与文献回顾

### （一）制度背景：中国特色的IPO询价制度及其改革

2005年1月1日，中国证监会借鉴西方发达国家询价制度，对中国股市IPO发行定价实施市场化改革，推行有中国特色的询价制度。在英、美等发达国家询价制度中，承销商在新股发行中处于核心地位，控制整个发行过程：首先承销商邀请特定机构参与报价；然后根据机构报价建立关于新股估值、申购的簿记，并确定发行价格；在发行价确定后，承销商利用其新股自由配售权，选择机构进行配售。这一过程中的核心是承销商拥有新股配售权，可以自由选择配售对象进行配售。而中国特色的询价制度不同于标准询价制度，兼有拍卖制度特征，在配售和定价方面主要有两个特点：第一，新股配售通过两个渠道进行，包括网下配售和网上配售，发行数量在4亿股以下的，网下配售比例不超过20%，发行数量在4亿股以上的，网下配售比例不超过50%。在这个过程中承销商没有新股自由配售权，新股配售按照同比例配售或者摇号配售方式①在获得配售资格的机构和个人之间进行配售，这大大削弱了承销商的权力，这一点类似于拍卖制度。第二，网下询价过程分为两个阶段②，第一个阶段承销商向机构投资者初步询价，得出报价区间；第二个阶段是累计投标询价，利用第一阶段得到的报价区间，在网下向机构投资者再次询价，最终根据机构投资者的报价确定发行价格，并用这一确定的发行价格对网上申购的投资者进行配售。

---

① 在2010年10月询价制度第二阶段改革过程中，为加强对参与询价的机构投资者的激励和约束，规定："在中小型公司新股发行中，发行人及其主承销商应当根据发行规模和市场情况，合理设定每笔网下配售的配售量，以促进询价对象认真定价。根据每笔配售量确定可获配机构的数量，再对发行价格以上的入围报价进行配售，如果入围机构较多应进行随机摇号，根据摇号结果进行配售。"在这一制度变革后，深圳市场中小板和创业板股票在网下配售中均采取摇号配售方式。而网上配售部分则一直采取摇号配售方式。

② 深圳证券交易所中小板和创业板仅进行一阶段询价，即在第一阶段即根据机构投资者报价和申购数量直接确定发行价格。

在中国特色IPO询价制度实施过程中，其效果似乎并不如证监会初衷，其中早期最突出的问题是IPO发行首日超高投资回报，并且这一超高回报几乎是无风险的。这一独特的投资机会吸引了大量资金参与"打新"，甚至影响到了二级市场的稳定。这一现象引起了证监会的关注，为了进一步健全新股发行体制、强化市场约束机制，证监会于2009年开始推行询价制度改革。此次改革到目前为止分为三个阶段，第一阶段以2009年6月10日证监会发布《关于进一步改革和完善新股发行体制的指导意见》为标志。这一阶段意在突出市场化改革方向，淡化行政指导，更好地发挥询价机制作用，其目的是为新股确定合理发行价格，降低新股上市首日溢价率。此次改革的确在一定程度上抑制了新股溢价率，但其后形成的"高发行价格，高市盈率和高超募资金"的"三高"现象，却引起了新的争议。对此，2010年10月12日中国证监会进一步出台了《关于深化新股发行体制改革的指导意见》和《关于修改〈证券发行与承销管理办法〉的决定》，推行新股发行第二阶段改革，并于11月1日正式开始施行。第二阶段改革是在第一阶段的基础上细化各个发行环节的规范性要求。其中的主要思想是扩大参与询价的机构投资者数量，以此来促进竞争、提升市场效率；同时定价信息透明度的增强，为我们提供了很好的关于机构投资者报价行为的研究机会。然而第二阶段改革似乎并未能解决IPO"三高"问题，对此，证监会于2012年4月28日推行了第三阶段改革。

**(二) 相关文献回顾**

回顾当前国际学术界IPO询价制度的相关研究，可以看到目前主要围绕承销商新股配售权，从激励机构投资者提供定价信息，以及承销商利用配售权向其利益相关者进行利益转移两方面进行研究。然而由于中国特色询价制度中承销商新股配售权缺乏，这方面的研究对解释中国IPO询价制度的推行和改革中出现的问题似乎意义不大。

目前针对中国市场IPO问题的研究，主要以IPO首日收盘价作为有效定价基准进行研究，普遍认为中国IPO发行存在折价或抑价发行现象，即认为IPO发行价格过低，而折价率的降低体现了市场效率的提高，并从机构投资者报价及价格管制角度进行了研究（如蒋顺才等，2006；杨记军和赵昌文，2006；严小洋，2008；周孝华等，2009；朱红军等，2010；陈工孟等，2011）。然而在中国投资者理性程度不高、IPO 资源相对稀缺的情况下，加上 IPO 首日不设涨跌幅限制的特殊制度背景，使得 IPO 首日投机性交易十分普遍，因此用首日收盘价来衡量 IPO 定价效率是值得商榷的。同时尽管这些研究在某些方面对中国市场部分 IPO 问题，尤其是首日超高回报问题提供了一定的解释，然而对目前 IPO 市场“三高”现象缺乏合理的解释。

此外，部分学者（邵新建等，2009；陆蓉等，2010；刘志远等，2011a，2011b）开始关注 IPO 询价制度问题，并对参与询价的机构投资者进行尝试性研究，而刘红忠等（2012）从对二级市场限价指令簿的设计角度研究了股票价格发现问题。上述研究在股票市场制度设计方面得到了很有意义的结论，但在解释中国特色 IPO 现象，尤其是“三高”现象方面，尚存在较大不足。另外，部分学者（周孝华等，2006）对询价制度推行前的 IPO 定价机制进行了一定的研究，但对 IPO 询价制度推行后的定价机制研究相对较少。

本章在现有研究基础上，借鉴 Purnanandam 等（2004）的思路，选择新的 IPO 发行价格评价基准进行研究，并进一步从参与询价的机构投资者合谋与竞争视角，结合询价制度的推行与改革，对中国特色 IPO 询价制度内在机理及相应的财富分配效应进行系统研究。

## 三、理论分析与研究假说的提出

在 IPO 询价制度下，中国市场 IPO 发行定价机制与定价效率如何？相关财富分配效应是怎样的？对此我们展开理论分析。美国市场询价制度中，机构投资者理性程度较高，能够提供相对有效的发行报价，同时，承销商有股票自由配售权，且全部配售给参与询价的机构投资者。在这个过程中，承销商为了诱导机构投资者提供正确报价，解决信息不对称问题，往往会采取折价发行方式（Benveniste and Spindt，1989），并且将全部的股份配售给承销商选中的机构投资者。而询价制度引入中国后到询价制度改革之前，证监会规定发行量在 4 亿股以下的，对网下机构配售不超过 20%，对 4 亿股以上的，对网下机构配售不得超过 50%，其余部分通过网上申购方式面向一般机构投资者和大量个人投资者按资金额进行配售。在这个过程中，机构投资者可以同时参与网上网下申购配售，而且在网下询价配售过程中，初步询价阶段和累计询价阶段可以采取不同的报价方式，即初步询价阶段提供低报价来压低发行价格，而累计询价阶段则提供高报价来获得配售。与此同时，机构利用其资金优势在网上大量申购。正是通过这种操纵方式机构投资者压低发行价格获得高回报（刘志远等，2011a）。

2009 年 9 月开始的询价制度改革，规定机构投资者报价过程中必须保持初步询价和累计询价阶段的逻辑一致性，并且不允许同时在网上网下申购，此外还对网上单个账户申购上限进行限制，规定原则上单个账户网上申购量不得超过总配售量的千分之一；2010 年 10 月进行的第二阶段改革，进一步扩展了参与询价配售的机构投资者范围。因此，总体来说询价制度改革限制了机构投资者网上申购，同时在机构投资者网下申购中引入了竞争机制。而在竞争过程中，在当前询价制度下，只有提供高报价才能获得配售资格，但同时又不需要按其提供的高报价来认购，因此，这种方式激励机构投资者提供高报价来争取获配资格。正是因为这一特殊制度安排，使得机构投资者个体理性导致了群体非理性，出现了机构之间过度竞争现象，最终导致发行价格过高，并由此形成“三高”现象和首日破发现象。

总体而言，在中国特色询价制度中，机构投资者在其中起了关键性作用，我们以机构投资者报价为核心进行建模，基本模型如下。

我们假设：IPO 股票的真实价值为 $V$，机构投资者 $i$ 收到关于 IPO 股票价值的信号为 $S_i$，$S_i$ 服从正态分布。在中国特色询价过程中，投资者进行报价和申购，然后发行人和承销商收集整理报价申购数据，并由价格高低建立簿记，从中确定发行价格。然而股票配售不同于标准询价制度，采用同比例配售或摇号配售方式，这和拍卖制度中股票分配方式基本一致。此外，由于中国市场目前 IPO 发行仍实施核准制，尽管近几年 IPO 数量有较大增长，但总体而言 IPO 仍属于稀缺资源，投资者炒作新股和次新股十分普遍。因此，IPO 发行过程中还包含一个因投机性交易而出现的价值 $M$，$M$ 即为再售期权价值。

此外，发行价格由发行人和承销商根据机构网下报价来定，经统计发现发行价主要集中在报价均值和中位数附近，因此我们可以认为主要是机构投资者网下报价决定了发行价格。

在询价制度改革前，机构投资者报价和申购量是询价过程中的两个决策变量，由于申购份额受机构自身资金、IPO股票规模以及证监会政策限制，我们将申购量视为外生变量。由于机构可以参与网下网上两个市场申购，则假定机构在网下申购量为 $Q_{1,i}$，在网上申购量为 $Q_{2,i}$。而机构投资者报价将通过影响平均报价的方式影响发行价格的确定。因此，我们将机构报价视为其唯一决策变量，机构在报价过程中，需要考虑报价本身高低对发行价格的影响，以及对单位股票获利的影响，同时还需要进一步考虑报价高低对获得配售资格的概率高低的影响，其中 $S_i+\theta_i$ 是基于获得的信号及报价策略选择的报价，$\theta_i$ 代表机构报价策略，若 $\theta_i<0$ 表示机构在询价过程中的报价低于其根据信息的估值 $S_i$，若 $\theta_i>0$ 表示机构报价将高于其估值 $S_i$。由此我们得到其决策函数：

$$\underset{\theta_i}{Max}F=\underset{\theta_i}{Max}[(V+M)-P(S_i+\theta_i)]\times[Q_{1,i}(S_i+\theta_i)+Q_{2,i}] \quad (4-1)$$

当 $Q_{2,i}$ 即网上申购量非常大时，则选择尽量低的 $\theta_i$ 是最优的选择，因为网上申购量是发行价格确定后的申购，按固定价格申购，$Q_{2,i}$ 不受报价影响，而选择负的 $\theta_i$ 时，尽管单个股票利润空间增加，但获得配售的概率降低。因此总的来说，在询价制度改革前，机构倾向于选择负的 $\theta_i$ 来降低股价提供获利空间。当全体机构投资者采取类似策略时，则机构报价的均值为：

$$\frac{1}{N}\sum(S_i+\theta_i)=V+\bar{\theta} \quad (4-2)$$

因为 $\bar{\theta}<0$，所以因机构投资者群体选择报低价而导致发行价格过低，出现折价发行现象，在这个过程中机构投资者因个体理性行为表现出群体“合谋”现象。

询价制度改革后，机构投资者不能同时在网下网上两个市场进行申购，对网上单个账户申购上限进行规定，即一般情况下单个账户网上申购量不得超过总配售量的千分之一；此外机构在网下申购中的竞争程度相对较小，中签概率较大，而且有机会参与价格决定，因此机构将选择在网下进行申购。此时的决策函数变为：

$$\underset{\theta_i}{Max}F=\underset{\theta_i}{Max}[(V_i+M_i)-P(S_i+\theta_i)]\times[Q_{1,i}(S_i+\theta_i)] \quad (4-3)$$

此时，机构投资者通过故意压低股价来提高单股获利的同时，将较大程度降低获配概率，在IPO相对稀缺、投资者炒作的情况下，IPO配售可以获得较高投资回报。对此，机构将选择正的 $\theta_i$ 来提高中签概率，在这种情况下 $\frac{1}{N}\sum(S_i+\theta_i)=V_i+\bar{\theta}_i$，从而导致发行定价高于其内在价值。在这个过程中，机构投资者个体理性导致群体提供非理性高报价，我们称之为"过度竞争"。

基于上述理论分析，我们提出研究假说H1和H2。

**H1** 询价制度改革前，IPO发行价相对基准价折价发行，并由此导致了IPO首日超高回报；询价制度改革后，IPO发行价相对于基准价溢价发行，并由此导致了"三高"现象。

**H2** 询价制度改革前，参与询价的机构投资者之间合谋带来的竞争不足，导致IPO折价发行；询价制度改革后，参与询价的机构投资者之间过度竞争，导致IPO溢价发行。

询价制度改革前后，与IPO发行定价对应的财富分配具体实现路径是什么？发行人、承销商和参与询价配售的机构投资者之间如何实现财富分配？对此我们基于IPO发行参与各方的利益机制，进一步展开分析。在IPO发行过程中，对发行人而言，其利益机制是在发行股票份额一定的情况下，如何筹集尽可能多的资金，尤其是获得更多的超募资金，因为发行人对超募资金具有更大的自由支配权，能够从中获取更多的利益。因此，对发行人而言，高发行价、高超募率是其追求的主要目标。对IPO承销商而言，其利益机制是通过收取IPO发行承销费和保荐费来实现的，发行人为了实现高超募，往往在资金超募部分给予承销商更高的承销保荐费率。因此，对承销商而言，激励机制导致了其追求高发行价及相应的高超募率。参与询价配售的机构投资者在中国市场IPO询价过程中扮演了关键性角色。机构投资者通过询价配售参与IPO发行，并且其网下获配股份在三个月锁定期结束后可进行交易。对此，只要三个月后解锁时的股票价格高于发行价格，机构投资者便能获利。在询价制度改革之前，由于机构投资者可以同时参与网上网下配售，即使因报价过低而无法参与网下配售，机构投资者还可以利用其资金优势参与网上配售来获得暴利，在这个过程中，机构往往会通过压低报价来获得高回报。而在2009年询价制度改革后，机构投资者不能同时参与网下网上两个市场的配售，机构故意压低报价将失去网下配售资格，同时也不能参与网上配售。与此同时，在IPO股票配售过程中，机构投资者提供报价及相应的认购份额，而发行人和承销商根据询价阶段机构投资者报价累计，确定有效价格，对有效价格以上报价部分采取同比例配售或摇号配售方式分配给相应机构投资者，发行价格则是根据认购情况统一定价，参与网下配售的机构投资者以统一的发行价格进行认购。在这一制度安排下，机构投资者只有提供高报价才能确保其参与配售的资格，而投资者群体的高报价推高了IPO发行价格，降低了机构投资者获利空间，但增加了发行人和承销商获利空间。

基于上述理论分析，我们提出相应的研究假说H3。

**H3**　询价制度改革改变了原有的财富分配效应，IPO询价制度改革前，定价机制带来的财富分配有利于参与询价的机构投资者；IPO询价制度改革后，定价机制带来的财富分配有利于发行人和承销商。

## 四、研究设计

### （一）样本选择与数据描述性统计

2005年1月1日开始，中国股票市场发行制度实施市场化改革，改变原有固定市盈率定价方式，推行中国特色的询价制度。考虑到2005年的主题是股权分置改革，该年仅15家公司进行了IPO，且2005年上市公司未报道预计募集资金情况；此外2006年股改完成后才实行"新老划断"。因此，我们选择研究区间从2006年1月1日至2011年12月31日，同时剔除这一期间金融行业上市公司数据，共966个样本。其中，询价制度改革时间的划分，我们以2009年6月第一阶段改革实施为标志①，该时间之前为询价

① 我们进一步将询价制度改革分为第一阶段和第二阶段来进行比较分析，发现相对于第一阶段改革，第二阶段对发行价、市盈率及资金超募影响不大。因此，我们将第一和第二阶段改革统称为询价制度改革，比较分析询价制度改革前后的定价机制及财富分配效应。

制度改革前，包括 2006～2008 年共 249 个样本，该时间之后为询价制度改革后，包括 2009～2011 年共 717 个样本。本章涉及的 IPO 发行价格、发行时间及 IPO 募集资金、承销保荐费等相关数据来自 Wind 数据库，IPO 发行前财务数据及一般公司财务数据来自 CCER 色诺芬数据库。此外，本章中非常核心的机构投资者报价数据，是通过手工收集的方式，从上市公司“网下配售结果公告”中整理而得。

表 4－1 和图 4－1 对询价制度推行过程中的 IPO 发行价格、发行市盈率、资金超募率以及 IPO 首日回报进行了描述性统计，其中超募率用实际募集资金与预计募集资金的差值和预计募集资金的比例来表示。从表 4－1 和图 4－1 可以看到，自 2006 年以来，中国 IPO 发行增长迅猛，且呈波浪式上升。同时我们可以清晰地看到，在 2009 年询价制度改革前后，中国 IPO 市场发生了重大变化：在询价制度改革之前，最突出的问题是 IPO 首日超高投资回报，2006～2008 年平均首日回报率高达 147.96％；而在 2009 年询价制度改革后，首日高回报问题迅速消失，2009～2011 年平均首日回报回落到 38.13％，这一水平和英美等发达市场 IPO 首日回报水平相近（Ritter et al.，2010）。与此同时，尽管询价制度改革后，IPO 首日高回报现象消失了，但同时又出现了所谓“三高”现象，即高发行价、高市盈率和高超募比例。通过比较询价制度改革前后特征，我们可以看到，询价制度改革后发行价、市盈率和超募比例显著提高。其中发行价格在询价制度改革后几乎提高了两倍，市盈率则提高了一倍，最令人关注的，是超募比例的变化，在询价制度改革之前，几乎不存在超募现象，而询价制度改革之后，IPO 资金超募现象非常严重，平均超募比例高达 141.63％。究竟是什么因素造成了询价制度改革前后 IPO 发行如此巨大的变化？这一变化对 IPO 参与各方的影响又是什么？下面我们基于询价制度及询价过程各参与方利益实现机制，从参与询价的机构投资者行为入手，研究 IPO 发行特征变迁的内在根源及其财富分配效应。

**表 4-1　IPO 发行特征描述性统计**

| 年份 | 发行数量（个） | 发行价格（元） | 市盈率（倍） | 超募比例（%） | 首日回报（%） |
|---|---|---|---|---|---|
| 2006 | 61 | 8.49 | 23.22 | −0.50 | 88.71 |
| 2007 | 112 | 11.20 | 28.56 | 8.18 | 201.36 |
| 2008 | 76 | 12.04 | 26.83 | 5.40 | 115.82 |
| 2009 | 97 | 23.27 | 51.62 | 102.68 | 75.28 |
| 2010 | 342 | 30.14 | 59.31 | 170.65 | 41.61 |
| 2011 | 278 | 26.49 | 47.82 | 119.51 | 20.89 |
| Overall | 966 | 23.41 | 46.83 | 106.46 | 66.36 |
| 询价制度改革前（2006～2008） | 249 | 10.79 | 26.72 | 5.21 | 147.65 |
| 询价制度改革后（2009～2011） | 717 | 27.80 | 53.81 | 141.63 | 38.13 |
| | 第二次询价制度改革前（2009 年至 2010 年 9 月） | | | | |
| | 354 | 27.82 | 55.45 | 152.69 | 51.48 |
| | 第二次询价制度改革后（2010 年 11 月至 2011 年 12 月） | | | | |
| | 363 | 27.77 | 52.21 | 130.84 | 25.11 |
| 询价制度改革前后差值 | | **17.00*****<br>**(17.10)** | **27.09*****<br>**(21.05)** | **136.42*****<br>**(20.50)** | **−109.52*****<br>**(−23.07)** |

注：发行价格、市盈率、超募比例及首日回报均为年度均值；括号内为 t 值，***、**、* 分别表示 1%、5%和 10%显著性水平。

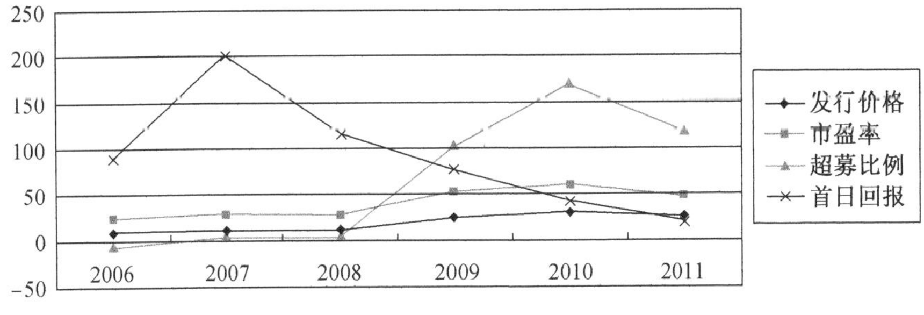


**图 4-1　IPO 发行特征描述性统计**

## （二）研究方法与变量定义

本章研究中的一个核心问题，是如何对 IPO 发行价格的有效性进行评价。对此，借鉴 Purnanandam 等（2004）的方法，我们通过选择配对样本的方式来确定比较基准。其中配对样本的选择，我们要求其上市时间至少 3 年，且处于同一行业内，同时以公司销售额、公司净利润及每股盈余为比较基准，选择销售额及净利润，以及每股盈利三者总体最为接近的样本为配对样本；用配对样本在IPO当日的收盘价作为IPO发行定价有效性的评判标准进行分析。

参与询价的机构投资者，在询价过程中通过提供报价和相关数量的方式参与。在前面的理论分析中，我们指出在询价制度改革前，由于机构投资者合谋来压低发行价格，这个时候参与询价的机构投资者数量增加并不会加剧竞争；而在询价制度改革后，机构投资者合谋被打破，相互之间展开竞争，因此，机构数量的增加将加剧竞争，推高发行价格。故在询价机制改革后，我们用参与IPO询价的机构投资者数量作为机构竞争程度的代理变量。我们希望看到，在询价制度改革前，机构投资者数量的增加对发行价格不会产生正向推动，而询价制度改革后，机构投资者数量增加将对发行价产生显著为正的影响。与此同时，我们进一步利用第二次询价制度改革后上市公司提供的机构投资者报价数据，来刻画机构投资者之间的竞争行为。

此外，对承销商利益机制的刻画，我们通过承销保荐费率来表述。其中理想状态是分别用正常资金募集的承销保荐费及超募部分的承销保荐费来分别刻画，但由于数据可得性限制，我们无法获取各自精确比例，而只能通过每个IPO对应的承销费和保荐费总和占实际募集资金比例来表述。各变量的具体定义如表4-2。

**表4-2 变量名称及定义**

| 变量符号 | 变量名称 | 变量定义 |
|---|---|---|
| Price_r1 | 相对发行价格 | IPO发行价格和IPO当日配对样本收盘价的比值，其中配对样本的选择是在同行业按每股盈利、总收入及净利润三个指标来综合判断 |
| Price_r2 | 相对发行价格 | IPO发行价格和同行业IPO当日收盘价的均值的比例，其中剔除同行业ST股票 |
| Price_Extra | 相对超额价格 | 发行价格超过基准价格的相对值，即相对发行价格－1 |
| Fund_extra | 超募比例 | (实际募集资金－预计募集资金)/预计募集资金 |
| Competition | 机构投资者竞争 | 用参与询价的机构投资者数量来表示 |
| Size | 公司规模 | 公司总资产取自然对数 |
| EPS | 每股盈利 | 公司总盈利与公司总股份的比值 |

续　表

| 变量符号 | 变量名称 | 变量定义 |
|---|---|---|
| BPS | 每股净资产 | 公司总的净资产与公司总股份的比值 |
| Liability | 资产负债率 | 公司总负债与公司总资产的比值 |
| IPO_fee | 承销费率 | (承销费+保荐费)/实际募集资金 |

## 五、实证结果与分析

### (一) 询价制度改革与 IPO 相对发行价格变化——对研究假说 H1 的检验

我们首先从 IPO 发行价格变化角度对询价制度改革前后 IPO 发行特征变迁问题进行研究。我们以同一行业内，公司销售额、净利润以及每股盈利总体最为接近的公司为配对样本，用 IPO 发行价格和配对样本在 IPO 当日收盘价格的比例作为相对发行价格进行统计分析，结果如表 4-3。从表 4-3 可以看到，在询价制度改革前的 2006～2008 年，无论从中位数还是均值来看，IPO 均存在折价发行的现象；而在询价制度改革后的 2009～2011 年，无论从均值还是中位数来看，IPO 均存在溢价发行的现象。进一步对询价制度改革前的相对价格进行比较，我们看到平均来说询价制度改革后相对发行价格上升了 0.81，且在 1%水平下显著，即询价制度改革大幅提升了 IPO 相对发行价格，从而初步论证了本章的研究假说 H1。这一观点和刘志远等(2011a)不同，即我们认为询价制度改革后并非定价效率提高了，只是表现为另一种形式的定价无效性。

**表 4-3　IPO 相对发行价格统计分析**

| 年份 | 数量 | 25%分位数 | 中位数 | 75%分位数 | 均值 |
|---|---|---|---|---|---|
| 2006 | 14 | 0.56 | 0.99 | 1.71 | 1.20 |
| 2007 | 102 | 0.41 | 0.56 | 0.80 | 0.72 |
| 2008 | 68 | 0.40 | 0.75 | 1.14 | 0.87 |
| 2009 | 89 | 0.79 | 1.27 | 1.89 | 1.52 |
| 2010 | 335 | 0.94 | 1.36 | 2.06 | 1.78 |
| 2011 | 261 | 0.79 | 1.20 | 1.73 | 1.44 |

续 表

| 年份 | 数量 | 25%分位数 | 中位数 | 75%分位数 | 均值 |
|---|---|---|---|---|---|
| 询价制度改革前（2006～2008） | **184** | **0.42** | **0.64** | **0.99** | **0.81** |
| 询价制度改革后（2009～2011） | **685** | **0.87** | **1.29** | **1.91** | **1.61** |
| 询价制度改革前后差值 | | | | | **0.81*****<br>**（7.30）** |

注：括号内为 t 值，***、**、* 分别表示 1%、5%和 10%显著性水平。

我们进一步用相对超额价格，即发行价格超过基准价格的相对值，来分析询价制度改革前后 IPO 发行特征变迁，结果如表 4－4。从表 4－4 我们可以看到，询价制度改革前，在控制 IPO 公司基本面因素基础上，结果表明相对超额价格对 IPO 首日超高回报影响显著为负，即 IPO 折价率越高则首日回报越高；询价制度改革后，相对超额价格对 IPO 高发行价、高市盈率及高超募比率影响显著为正，从而进一步论证了本章的研究假说 H1。

**表 4－4　相对发行价格变化与 IPO 发行特征变迁**

| 变量 | 询价制度改革前 | 询价制度改革后 | | |
|---|---|---|---|---|
| | 首日超高回报 | 高发行价 | 高市盈率 | 高超募率 |
| 相对超额发行价 | **−0.2634***<br>**（−1.66）** | **5.2983*****<br>**（8.55）** | **4.1257*****<br>**（6.40）** | **0.2241*****<br>**（6.53）** |
| 公司规模 | −0.1826***<br>（−2.88） | −1.0268*<br>（−1.62） | −5.9835***<br>（−4.86） | −0.1369***<br>（−3.43） |
| 每股盈利 | −0.1360<br>（−0.52） | 10.8605***<br>（4.56） | −3.3862<br>（−1.58） | 0.3260***<br>（3.09） |
| 每股净资产 | −0.0468<br>（−0.65） | −1.1142<br>（−1.33） | 0.4616<br>（0.37） | −0.1395***<br>（−3.43） |
| 资产负债率 | −0.1102<br>（−0.21） | −1.3417<br>（−0.34） | 0.4319<br>（0.06） | −0.5734**<br>（−2.07） |
| 上市时年龄 | −0.0145<br>（−0.68） | 0.0603<br>（0.62） | −0.2635*<br>（−1.67） | −0.0032<br>（−0.40） |
| 常数 | 5.5480***<br>（4.68） | 38.8476***<br>（3.45） | 173.6532***<br>（7.91） | 4.4294***<br>（6.08） |
| Adj. $R^2$ | 0.079 | 0.375 | 0.178 | 0.160 |

注：括号内为经过 Huber-White 异方差调整的 t 统计量，***、**、* 分别表示 1%、5%和 10%显著性水平。

### (二) 机构投资者竞争与相对发行价格变化——对研究假说 H2 的检验

我们从机构投资者在询价过程中的作用角度对 IPO 相对发行价格的变化原因进行分析。用参与询价的机构投资者个数作为投资者竞争的代理变量。从表 4-5 可以看到，在询价制度改革之前，无论是否控制公司基本面因素，投资者数量的增加并未对发行价格产生显著影响；而在询价制度改革之后，新的发行机制打破了机构投资者之间的合谋，促进了机构竞争，参与询价的机构投资者数量增加，意味着投资者之间竞争加剧，此时对相对发行价格产生了显著为正的影响，即机构投资者数量增加，投资者之间竞争加剧，机构投资者为了获得网下配售资格，会尽可能提供高的报价，从而最终推高了 IPO 发行价格并导致溢价发行。上述结论很好地验证了本章提出的研究假说 H2，即询价制度改革改变了参与报价的机构投资者之间的关系，导致机构投资者从合谋或者说竞争不足转变为过度竞争。

**表 4-5　机构投资者竞争与相对价格变化**

| 变量 | 询价制度改革前 | | 询价制度改革后 | |
|---|---|---|---|---|
| | 模型 1 | 模型 2 | 模型 3 | 模型 4 |
| 参与询价机构个数 | **0.001 0**<br>**(0.28)** | **0.000 5**<br>**(0.15)** | **0.002 4****<br>**(2.12)** | **0.002 2****<br>**(1.96)** |
| 公司规模 | | 0.068 1<br>(0.69) | | −0.133 1***<br>(−2.93) |
| 每股盈利 | | −0.003 1<br>(−0.01) | | 0.065 9<br>(0.55) |
| 每股净资产 | | 0.187 6<br>(0.92) | | 0.007 5<br>(0.14) |
| 资产负债率 | | 0.656 1<br>(1.51) | | 0.094 2<br>(0.27) |
| 常数 | 0.682 9***<br>(2.57) | −1.453 6<br>(−0.75) | 1.402 4***<br>(16.58) | 3.396 3***<br>(4.81) |
| Adj. $R^2$ | 0.002 | 0.049 | 0.004 | 0.014 |

注：括号内为经过 Huber-White 异方差调整的 t 统计量，***、**、* 分别表示 1%、5%和 10%显著性水平。

此外，我们利用询价制度第二阶段改革后的机构投资者报价数据，对机构投资者竞争行为作进一步刻画和分析。与Roll等(2010)思路类似[①]，我们采用机构投资者在IPO网下申购过程中的报价偏度来表示竞争激烈程度。在改革后，机构投资者为了获得配售资格，往往选择报高价。当所有机构投资者均采取这一行为时，机构报价呈现“左偏”特征，机构报价左偏越严重，代表机构竞争越激烈。因此我们进一步用偏度作为机构投资者代理变量来进行分析，结果如表4-6。从表4-6可以看到，机构报价左偏越严重，即偏度的负值越大，则IPO相对发行定价越高，从而进一步论证了研究假说H2。

**表4-6　机构投资者竞争行为与IPO定价效率分析**

| | 模型1 | 模型2 |
|---|---|---|
| **报价偏度** | **−0.176 9****<br>**(−2.03)** | **−0.176 5****<br>**(−2.01)** |
| 规模 | | −0.020 3<br>(−0.20) |
| 资产负债率 | | 0.595 1<br>(1.14) |
| 每股盈利 | | 0.153 2<br>(0.72) |
| 每股净资产 | | −0.027 7<br>(−0.32) |
| 创业板哑变量 | | 0.089 4<br>(0.67) |
| 常数项 | 1.422 9***<br>(25.45) | 1.429 7<br>(0.77) |
| $R^2$[②] | 0.012 | 0.025 |

注：括号内为经过Huber-White异方差调整的t统计量，***、**、*分别表示1%、5%和10%显著性水平。

① 所不同的是，Roll等(2010)用做市商买卖报价价差(Bid-Ask Spread)的偏度来代表做市商之间竞争程度。

② 表4-6的$R^2$较小的原因主要是在样本配对过程中，已经控制了销售额、净利润和每股盈利的影响。

### (三) 询价制度改革与财富分配效应——对研究假说 H3 的检验

进一步分析询价制度改革带来的财富分配效应。从表 4－7 可以看到，询价制度改革改变了原有的 IPO 财富分配效应。其中，对机构投资者而言，由于询价制度改革加剧了机构投资者之间的竞争，机构为了获得配售资格，不得不提供更高的申购报价，结果进一步推高了发行价格，使得机构投资者获利空间减小，无论持股时间是 60、120 还是 240 个交易日，相对于询价制度改革前，机构投资者获利空间显著减小。以 60 个交易日投资回报为例，在机构配售份额解禁时[①]，投资回报从询价制度改革前的 115.50%急剧下降到 40.60%。而与此相对应的，发行人的获利空间也进一步加大，平均超募率从询价制度改革前的 5.82%，迅速上升到询价制度改革后的 158.62%。此外，承销商获利空间也进一步加大，平均承销费率从询价制度改革前的 4.46%，上升到询价制度改革后的 4.67%。因此，总体来说，不同于刘志远等(2011)的观点，即询价制度改革提升市场效率，我们认为询价制度改革并未提升 IPO 发行定价效率，而只是改变了原有的财富分配效应，使得新的分配体制更有利于发行人和承销商，不利于参与询价配售的机构投资者，从而验证了本章提出的研究假说 H3。

**表 4－7 询价制度改革前后长期投资回报比较分析**

| | 承销费率(%) | 超募比率(%) | 60 个交易日投资回报 | 120 个交易日投资回报 | 240 个交易日投资回报 |
|---|---|---|---|---|---|
| 询价制度改革前(2006～2008 年) | 4.46 | 5.82 | 115.50 | 108.50 | 87.49 |
| 询价制度改革后(2009～2011 年) | 4.67 | 158.62 | 40.60 | 41.21 | 35.58 |
| 其中询价制度改革后破发情况 | 3.78 | 166.29 | −6.62 | 2.55 | −11.41 |
| 询价制度改革前后变化 | **0.21*** (**1.65**) | **152.80***** (**22.02**) | **−74.91***** (**−15.01**) | **−67.28***** (**−11.26**) | **−51.92***** (**−8.03**) |

注:括号内为 t 值，***、**、* 分别表示 1%、5%和 10%显著性水平。

① 一般来说机构投资者在网下获配时，有三个月的锁定期，即和此处的 60 个交易日相一致。我们用 60、120、240 个交易日区间作为参与询价配售的机构投资者在配售股份解锁后的股票出售机会来分析其投资回报。

## 六、稳健性检验

如何对 IPO 股票发行价格的有效性进行评判是本章研究的关键。对此，本章进一步以行业均值作为 IPO 基准价值，考虑询价制度改革前后的定价变化，来进行稳健性检验，结果如表 4－8。从表 4－8 可以看到，以同行业 IPO 当日股票平均收盘价作为基准价格，研究发现在 IPO 询价制度改革前，存在 IPO 折价发行现象，相对发行价的均值和中位数分别为 0.89 和 0.76，而 IPO 询价制度改革后，存在溢价发行现象，相对发行价的均值和中位数分别为 1.96 和 1.76，且询价制度改革前后存在显著差异，从而说明表 4－3 的结论是稳健的，并进一步论证了本章的研究假说 H1。

**表 4－8　IPO 相对发行价格分析（稳健性检验）**

| | 数量 | 25%分位数 | 中位数 | 75%分位数 | 均值 |
|---|---|---|---|---|---|
| 询价制度改革前（2006～2008 年） | 206 | 0.51 | 0.76 | 1.18 | 0.89 |
| 询价制度改革后（2009～2011 年） | 710 | 1.30 | 1.76 | 2.41 | 1.96 |
| 询价制度改革前后差值 | | | | | **1.07*****<br>**（14.91）** |

注：括号内为 t 值，***、**、* 分别表示 1%、5%和 10%显著性水平。

进一步以同行业均值为比较基准，研究机构投资者竞争对 IPO 相对发行价格的影响，结果如表 4－9。从表 4－9 可以看到，询价制度改革后，机构投资者数量增加，IPO 发行价格显著上升；而 IPO 询价制度改革之前则没有这一现象，从而表明表 4－5 的结论是稳健的。

**表 4－9　机构投资者竞争与 IPO 相对发行价格（稳健性检验）**

| 变量 | 询价制度改革前 | | 询价制度改革后 | |
|---|---|---|---|---|
| | 模型 1 | 模型 2 | 模型 3 | 模型 4 |
| 参与询价机构个数 | −0.002 6<br>(−1.21) | −0.004 4**<br>(−2.40) | 0.003 1***<br>(2.60) | 0.002 9***<br>(2.73) |
| 公司规模 | | 0.026 3<br>(0.27) | | −0.184 8***<br>(−4.18) |

**续　表**

| 变量 | 询价制度改革前 | | 询价制度改革后 | |
| --- | --- | --- | --- | --- |
| | 模型 1 | 模型 2 | 模型 3 | 模型 4 |
| 每股盈利 | | 0.468 4<br>(1.54) | | 0.653 4***<br>(4.28) |
| 每股净资产 | | 0.065 4<br>(0.73) | | −0.054 2<br>(−0.98) |
| 资产负债率 | | −0.369 4<br>(−0.86) | | 0.395 3<br>(1.27) |
| 常数 | 1.256 5***<br>(6.17) | 0.654 1<br>(0.38) | 1.805 9***<br>(21.02) | 4.901 1***<br>(6.19) |
| Adj. $R^2$ | 0.005 | 0.172 | 0.010 | 0.153 |

注：括号内为经过 Huber-White 异方差调整的 t 统计量，***、**、* 分别表示 1%、5%和 10%显著性水平。

此外，我们采用网下资金申购配售比例作为机构投资者竞争的代理变量进行稳健性分析，结论和表 4－3、表 4－5 基本一致。限于篇幅，此处不再具体报道。

## 七、主要结论与政策建议

本章借鉴 Purnanandam 等(2004)的思路，通过寻找同行业配对样本来确定有效定价基准，对 2005 年 1 月 1 日开始的中国特色询价制度及其改革进行研究。研究结果表明，在 IPO 询价制度改革之前，中国市场 IPO 过程中普遍存在折价发行的现象，平均来说发行价格比基准价格低 23%，并由此导致了 IPO 首日超高回报。其中的原因是作为询价方的机构投资者合谋来操控市场，压低发行价格，从而实现其利益最大化，因此在询价制度改革前，IPO 财富分配效应向参与询价的机构投资者倾斜。而在 2009 年询价制度改革之后，出现了 IPO 发行定价过高的问题，平均来说比基准价格高出 59%，并导致“三高”现象的出现，以及 IPO 首日破发现象的频繁出现。其中的原因是询价制度的改革，打破了机构投资者之间的合谋，推进了机构投资者之间的竞争，而在当前 IPO 制度安排下，机构投资个体理性引起的群体非理性导致 IPO 市场过度竞争，使得 IPO 发行价格过高，偏离均衡价格。在这个过程中，财富分配效应向发行人和承销商倾斜。

基于本章的研究，我们认为，总体来说当前 IPO 发行定价制度市场化改革的方向是对的，但需要进一步完善询价机制设计，提升 IPO 定价效率，其中的核心是优化参与询价的机构投资者激励约束机制，促进其合理竞争，来提高 IPO 定价效率及相应的财富分配公平性。

当然，本章研究过程中尚存在一定的问题和不足，其中最主要的是由于机构投资者报价数据获得困难，尤其是询价制度改革前，机构报价无须公开，导致无法对参与询价的机构投资者报价行为，尤其是其合谋和竞争行为进行精确的度量与刻画。在今后的研究中，我们将对这一问题展开深入研究。

# 第五章　新股自主改革下的IPO定价研究①

2013年11月，证监会推行第四次询价制度改革，在新股发行中引入承销商自主配售权，这一改革使得中国市场IPO定价制向真正意义上的询价制度迈进了一大步。然而随之出现了获配比例悬殊的现象，引发市场对承销商与投资者之间进行利益输送的怀疑。因此，2014年3月21日自主配售政策被叫停。本章基于这一期间在沪深两地上市的48只新股，对IPO定价效率、投资者报价特征、投资者报价信息含量等问题进行研究，重点对实施新股自主配售和未实施新股自主配售的IPO特征，以及投资者行为进行比较分析。

## 一、引　言

2013年11月底，证监会发布《关于进一步推进新股发行体制改革的意见》，推行第四次询价制度改革，其中最核心的是首次引入了主承销商自主配售权，针对网下发行的股票，由主承销商在提供有效报价的投资者中自主选择投资者进行配售。这一改革打破了过去以“比例配售或者摇号配售”为原则的新股配售方式，将分配新股的权利交给承销商，以期提高IPO定价效率。

然而，主承销商自主配售制度这一高度市场化的条款，由于在我国首次引入，经验不足，缺少细节上的约束，推出后引发了各种问题。从政策出台到2014年2月19日，沪深两市累计有48只新股登陆A股市场，其中有的券商仍旧放弃使用自主配售权，如全通教育、新宝股份和炬华科技等多家公

① 感谢葛飘同学在本章研究过程中，提供的出色的助理工作。

司的主承销商均未使用自主配售权。同时，有关媒体揭露新股自主配售中存在种种不公平的现象。例如，浙江我武生物科技股份有限公司网下配售结果显示，最终的获配比例相差悬殊，最高获配比例达 100%，最低获配比例仅为 0%。这些不寻常的现象暗示着自主配售中存在利益输送的可能，市场广泛质疑承销商借配售权向熟人进行利益输送，涉嫌寻租腐败。

从国外经验来看，自主配售能够完善询价制的价格发现功能，具有新股配售权的承销商可以凭借该权利分配更多的新股给那些提供真实报价的询价对象，从而激励这些投资者挖掘信息、提供正确的报价。同时，自主配售能够强化承销商与投资者的长期合作关系，让长期投资者获配更多股票，使获配结果充分反映投资者的意愿，并能使承销商兼顾发行人和投资者的双方利益，从而促进新股合理定价。当然，这一机制也可能带来新的寻租，承销商可能向提供更多利益交换的机构优先分配新股，或简单选择报价较高的机构分配，在这种情况下，新政的初衷便无法体现。

对此，中国证监会于 2014 年 3 月 21 日出台了《完善新股发行制度的相关措施》，此次的改革举措对新股自主配售权做出了限制。相关条款进一步向具有公众性质的机构倾斜，要求发行人和承销商优先配售给公募基金、社保基金、保险资金和企业年金。同时规定，同类型投资者获得配售的比例应当相同，公募、社保、企业年金和保险资金的配售比例应当不低于其他投资者。《相关措施》的发布限制了承销商和发行人在配售对象上的选择空间，实际上取消了承销商的自主配售权，使得之后发行的新股均未能利用新股自主配售权。

主承销商自主配售制度的推行对新股定价效率的影响，以及基于询价阶段投资者报价特征考察配售制度的不同如何影响投资者报价行为，进而影响新股定价，是本章研究的重点，也为未来 IPO 新政改革提供了借鉴意义。本章的创新之处在于利用国内首次引入承销商自主配售制度而形成的新股样本，在理论分析的基础上，探索新股自主配售制度在我国 IPO 定价机制中的作用，并结合投资者的报价行为进行分析讨论。

本章以下的结构为：第二部分为文献综述与研究假说的提出，第三部分为研究设计，第四部分为实证结果与分析，第五部分为稳健性检验，第六部分总结并提出政策建议。

## 二、文献综述与研究假说的提出

### (一) 新股自主配售制下 IPO 定价效率的研究

国外大量的理论和实证研究表明,在成熟市场上,承销商自主配售权有利于促进新股合理定价,提高 IPO 定价效率。Benveniste 和 Spindt(1989)提出"信息收集假说",认为通过合理制度设计,在价格制定之前有效收集"知情投资者"掌握的信息,并使之反映在发行价格上,定价会更加准确。"信息收集假说"同时指出,具有分配股票权利的承销商可以凭借该权利分配更多的新股给那些提供真实报价信息的询价对象,从而激励其投入人力物力进行信息挖掘和分析。Hanley(1993)认为如果限制承销商自主配售权,IPO 抑价程度将会提高。Ljungqvist 和 William(2002)验证了机构投资者的配售量、IPO 发行价格、IPO 抑价这些变量间存在的内生关系,认为在自主配售权受限时,承销商通过较大的 IPO 抑价回报这些投资者。Comelli 和 Goldreich(2001)认为投资者申购量越大,传递的信息越积极,承销商在配售新股时考虑了投资者提供报价的信息含量,通过自主配售回报了提供有用信息的投资者。Comelli 和 Goldreich(2003)进一步研究了投资者在报价时提供的信息与承销商制定发行价格之间的联系,认为当承销商决定向某投资者优惠配售新股时,承销商会更多地考虑该投资者报出的价格。这些发现表明承销商利用了投资者提供的信息以制定发行价格,新股自主配售权有利于激励投资者提供定价信息,降低 IPO 抑价,促进定价效率。

基于上述理论,我们提出以下的研究假说。

**H1** 使用自主配售的新股上市后累计收益率较小,公司股价稳定,一级市场上 IPO 定价效率提高。

### (二) 对询价阶段机构报价特征的研究

目前我国的 IPO 定价机制可分为以下步骤:首先,主承销商结合发行人的实际情况向投资者进行路演推介,并在相应的《投资价值研究报告》中给出发行建议价值区间,这一价值区间可作为投资者初步询价时的报价参考;之后,符合条件的机构或个人参与初步询价,提交申购数量及相应的申购价格;最后,发行人和主承销商根据剔除最高报价部分后的剩余报价及申购情况,综合参考发行人基本面、所处行业、可比公司估值水平、市场情况等因素,协商确定新股最终的发行价格。

由于之前我国不存在承销商自主配售权,国内学者研究的机构报价特征主要用来解释IPO的三高问题。刘志远等(2011)提出询价制第一阶段改革之后,发行价格不再受到市盈率的限制,新股发行价格主要由询价决定,询价制度改革促进了机构投资者间的竞争,投资者不再采取合谋报低价的策略,从而提高了IPO定价效率,针对这一现象,他们从理论上进行了分析。俞红海等(2012)从机构投资者报价行为展开研究,研究结果进一步表明在中国特色询价机制下,网下机构报价过程中出现过度竞争,这一行为导致了IPO定价过高和"三高"问题的出现;并从股价未来跌破发行价的可能性高和长期投资回报低的市场表现方面,进一步论证了这一结论。袁渊和张雅婕(2011)认为机构投资者在询价过程中压低报价只会在初步询价阶段体现,而在累计投标阶段受IPO抑价收益的驱使,将会以询价区间上限报价。累计价格区间与初步询价区间的偏离程度和IPO抑价负相关,且参与询价的机构投资者数量越多,机构投资者报价偏离程度越低。另外,与其他研究思路不同的是,林千惠等(2012)从机构投资者追求期望效用最大化的角度出发,求解出了他们在询价前规定IPO配售比例(供给确定)和询价后确定这一比例(供给不确定)两种情形下的最优报价策略,进而建立了IPO定价和抑价模型,验证了引入供给不确定性可以阻止机构投资者采用极端的需求隐藏策略,从而消除确定供给情形下可能存在部分高抑价区间。因此,IPO供给事前不确定的询价规则具有更高的询价效率。

总体而言,由于之前没有使用自主配售的IPO数据,对机构投资者报价的分析都没有结合自主配售对定价效率的影响。现有的研究只是从理论和模型上解释了自主配售能够限制IPO抑价,提高定价效率,而本章用最新的数据进行分析对此进行实证分析和解释。

与此同时,在2014年11月推出的第五次询价制度改革中,证监会要求发行人和承销商预先剔除申购总量中报价最高的部分,并且剔除的申购量不得低于申购总量的 10%，然后再根据剩余报价及申购情况协商确定发行价格。在这一规则下，若企业采取同比例配售模式，投资者报高价有很大的风险直接被剔除，有的股票 IPO 过程中甚至剔除报价的 90%以上。因此，投资者为规避这一高风险，往往倾向于选择报低价，甚至故意压低报价。而在新股自主配售中，由于承销商有自主选择权，投资者在报价过程中无须故意压低报价，而可以直接报其真实价格。

基于上述分析，我们提出以下研究假说。

**H2**　承销商对自主配售权的使用与否对机构投资者的报价行为有明显影响，承销商行使自主配售权的新股，投资者集中报相对高价，降低了 IPO 抑价。

此外，在新股自主配售机制下，投资者为了赢得获配权，有动力去发掘新股的真正价值，而不是将报价锚定在承销商提供的价值区间。因此自主配售促进了新股价值挖掘。基于这一分析，我们提出如下研究假说。

**H3**　使用自主配售的新股定价过程中包含的投资者信息量较多，发行价对承销商估值的调整较大。

## 三、研究设计

### (一) 样本选择与数据来源

本章以自主配售政策出台后取消前，2014 年 1 月至 2014 年 3 月在沪、深两地上市的 48 只 IPO 作为研究对象，其中深市样本 42 只，沪市样本 6 只。新股上市后股票价格数据来自 Wind 数据库，投资者报价数据来源于深交所和上交所披露的新股询价信息，48 只新股中是否使用自主配售权的数据通过手工方式收集，从上市公司招股说明书中逐一进行整理。具体名单如表 5-1 所示。从表 5-1 可以看到，48 只新股中，有 29 只选择了新股自主配售，另有 19 只还是采取原有的同比例配售或摇号配售方式进行配售。

**表 5－1　IPO 新股配售类型比较**

| 配售类型 | 股票名称 | 上市日期 | 所属板块 | 发行价格（元） | 发行市盈率 % |
|---|---|---|---|---|---|
| 自主配售 | 博腾股份 | 2014/1/29 | 创业板 | 25.1 | 39.54 |
| | 楚天科技 | 2014/1/21 | 创业板 | 40 | 31.5 |
| | 鼎捷软件 | 2014/1/27 | 创业板 | 20.77 | 27.37 |
| | 东方网力 | 2014/1/29 | 创业板 | 49.9 | 37.75 |
| | 光环新网 | 2014/1/29 | 创业板 | 38.3 | 37.79 |
| | 恒华科技 | 2014/1/23 | 创业板 | 43.21 | 42.16 |
| | 汇金股份 | 2014/1/23 | 创业板 | 18.77 | 21.33 |
| | 金贵银业 | 2014/1/28 | 中小企业板 | 14.35 | 23.26 |
| | 金莱特 | 2014/1/29 | 中小企业板 | 13.38 | 20.3 |
| | 金轮股份 | 2014/1/28 | 中小企业板 | 7.18 | 19.41 |
| | 金一文化 | 2014/1/27 | 中小企业板 | 10.55 | 25.73 |
| | 良信电器 | 2014/1/21 | 中小企业板 | 19.1 | 24.64 |
| | 岭南园林 | 2014/2/19 | 中小企业板 | 22.32 | 23.34 |
| | 麦趣尔 | 2014/1/28 | 中小企业板 | 25.38 | 39.64 |
| | 牧原股份 | 2014/1/28 | 中小企业板 | 24.07 | 18.8 |
| | 欧浦钢网 | 2014/1/27 | 中小企业板 | 18.29 | 25.23 |
| | 思美传媒 | 2014/1/23 | 中小企业板 | 25.18 | 24.06 |
| | 天保重装 | 2014/1/21 | 创业板 | 12 | 41.38 |
| | 我武生物 | 2014/1/21 | 创业板 | 20.05 | 39.31 |
| | 欣泰电气 | 2014/1/27 | 创业板 | 16.31 | 25.48 |
| | 纽威股份 | 2014/1/17 | 主板 | 17.66 | 46.47 |
| | 易事特 | 2014/1/27 | 创业板 | 18.4 | 14.51 |
| | 溢多利 | 2014/1/28 | 创业板 | 27.88 | 23.83 |
| | 应流股份 | 2014/1/22 | 主板 | 8.28 | 19.6 |
| | 众信旅游 | 2014/1/23 | 中小企业板 | 23.15 | 22.05 |
| | 陕西煤业 | 2014/1/28 | 主板 | 4 | 6.23 |
| | 贵人鸟 | 2014/1/24 | 主板 | 10.6 | 12.89 |
| | 海天味业 | 2014/2/11 | 主板 | 51.25 | 31.9 |
| | 扬杰科技 | 2014/1/23 | 创业板 | 19.5 | 26.53 |

**续　表**

| 配售类型 | 股票名称 | 上市日期 | 所属板块 | 发行价格（元） | 发行市盈率 % |
|---|---|---|---|---|---|
| 同比例配售 | 安控股份 | 2014/1/23 | 创业板 | 35.51 | 39.54 |
| | 安硕信息 | 2014/1/28 | 创业板 | 23.4 | 40.06 |
| | 创意信息 | 2014/1/27 | 创业板 | 18.11 | 23.69 |
| | 登云股份 | 2014/2/19 | 中小企业板 | 10.16 | 26.52 |
| | 东方通 | 2014/1/28 | 创业板 | 22 | 30.27 |
| | 东易日盛 | 2014/2/19 | 中小企业板 | 21 | 38.32 |
| | 光洋股份 | 2014/1/21 | 中小企业板 | 11.88 | 28.29 |
| | 汇中股份 | 2014/1/23 | 创业板 | 39.89 | 39.11 |
| | 绿盟科技 | 2014/1/29 | 创业板 | 41 | 37.96 |
| | 鹏翎股份 | 2014/1/27 | 创业板 | 19.58 | 24.17 |
| | 斯莱克 | 2014/1/29 | 创业板 | 35.15 | 22.29 |
| | 炬华科技 | 2014/1/21 | 创业板 | 55.11 | 33.17 |
| | 全通教育 | 2014/1/21 | 创业板 | 30.31 | 51.37 |
| | 天赐材料 | 2014/1/23 | 中小企业板 | 13.66 | 23.04 |
| | 赢时胜 | 2014/1/27 | 创业板 | 21.58 | 33.1 |
| | 友邦吊顶 | 2014/1/28 | 中小企业板 | 28.02 | 24.58 |
| | 新宝股份 | 2014/1/21 | 中小企业板 | 10.5 | 30.08 |
| | 跃岭股份 | 2014/1/29 | 中小企业板 | 15.36 | 16.52 |
| | 晶方科技 | 2014/2/10 | 主板 | 19.16 | 33.76 |

### （二）变量定义

1. IPO 累计异常收益率

在分析自主配售是否促进定价效率的过程中，定价效率的指标有多种选择。国外普遍使用的首日回报率，即抑价率在我国 IPO 市场并不适用，新股首日涨幅都在 44%左右，无法比较。因而我们使用一段时间内新股的累计异常收益率 CAR 作为新股上市后市场表现的替代指标。实证中选取了 30 日、60 日、90 日、120 日、150 日和 180 日的累计收益率这六个指标，该指标反映出新股在上市后的回报情况，如果累计收益率小则说明IPO定价相对合理。在稳健性分析中，我们将所选时间范围延长至一整年，用了210日至360日、同样间隔为30日的六个指标进行分析，以此考察中长期走势。

2. IPO公司特征变量及发行变量

为了控制其他变量对新股市场表现的影响，参考相关文献，选取了与公司基本面有关的变量，包括公司规模、年龄、净资产收益率，以及与新股发行有关的变量，包括发行市盈率、网上发行中签率、承销商声誉，表5-2列出了本章研究中的这些控制变量的名称及定义。

**表5-2　控制变量名称及定义**

| 符号 | 变量名称 | 变量定义 |
|---|---|---|
| ALLO | 自主配售 | 新股使用了自主配售权为1，不使用为0 |
| SIZE | 公司规模 | A股流通股本取自然对数 |
| AGE | 公司年龄 | 公司成立到上市年份取自然对数 |
| ROE | 全面摊薄的净资产收益率 | 全面摊薄净资产收益率=报告期净利润/期末净资产 |
| PE | 发行市盈率 | 新股发行首日市盈率 |
| LOTTERY | 中签率 | 新股网上发行中签率 |
| REPU | 承销商声誉 | 承销业绩排名前十名取1，其他的取0 |

*ALLO*是我们主要要考察的变量，反映IPO是否使用了自主配售权；*SIZE*为网上发行的流通股本取自然对数；*AGE*为公司成立到上市年份的时间的自然对数，反映公司市场知晓程度；*LOTTERY*指的是新股网上发行中签率，综合反映资本市场对公司的认同程度；*ROE*为公司上一年的全面摊薄净资产收益率，反映公司的盈利能力；PE为新股首日发行市盈率（摊薄）；*REPU*为承销商声誉虚拟变量，承销业绩前十名取1，其他的取0。国内没有专门的承销商排名机制，我国现有的有关承销商声誉等级的排名都是按照各承销商承销新股的业务量来衡量承销商在证券承销领域中的实力和声誉。具体计算公式为：

各承销商的排名得分=50%×承销家数占总样本的比例+50%×承销总量占总样本的比例

3. 相对发行价格

为了使不同机构对不同新股的报价具有可比性，使用相对发行价格来刻画报价行为。计算方法为：

相对发行价格＝初步询价申购价格/新股发行价格

询价的具体数据从 Wind 数据库及新股公告中下载并手动整理。

4. 报价偏度

与 Roll et al.(2010)及俞红海等(2013)的思路类似，本章采用报价偏度来描述报价的集中程度，考察机构投资者的竞争激烈程度。偏度为负意味着报价左侧尾部长，绝大多数报价值位于平均值右侧，即集中在高价位置。

5. 定价调整比例

为了考察询价过程中机构投资者报价中所含的信息量，我们选用发行价对承销商估价区间均值的调整比例作为指标。指标计算方法为：

定价调整比例＝(发行价－承销商估值区间均值)/承销商估值区间均值

承销商估值区间的数据手工从《首次公开发行网下发行结果及网上中签率公告》整理得到。

## 四、实证结果与分析

### (一) 新股自主配售权下新股市场表现——对研究假说 H1 检验

我们收集了 48 只新股上市后距发行日 180 天中每天的收盘价数据，计算了累计收益率指标。对全体 48 只新股累计收益率数据，依据变量是否使用自主配售权的变量 *ALLO* 分组进行均值差的 t 检验，使用组为使用自主配售的样本，控制组为不使用自主配售的样本，结果如表 5 - 3 第一栏所示。第一栏第 1 列到第 3 列结果显示：使用组累计收益率的均值只在 30 日时低于控制组，之后开始高于控制组，与研究假说 H1 并不相符。第 4 列列出了均值差的 t 值，得到的结果并不显著。其中可能的原因是选择自主配售与未选择自主配售的 IPO 本身存在基本面的差异。

对此，我们进一步消除两组样本公司本身存在的差别，分别对使用组样本和控制组样本进行匹配，再对匹配之后的样本进行均值检验。匹配中的控制变量即为表 5－2 中的控制变量。我们选用的匹配方法为倾向得分匹配法(Propensity Score Matching)，该匹配方法被广泛运用于医疗卫生和经济学中来考察政策影响的效果，它通过计算倾向得分，采用特定的算法在实验组和对照组之间形成配对样本，消除组别之间的干扰因素。

在经过 psm 最邻近匹配法匹配，消除两组样本 IPO 之间本身特征差异之后，计算出的使用组和控制组的平均处理效应，见表 5－3 的第二栏。

**表 5－3　累计收益率(30～180 日)的描述性统计:全样本和 psm 匹配样本**

| | 全样本 | | | | psm 匹配样本 | | | |
|---|---|---|---|---|---|---|---|---|
| | 使用组均值 | 控制组均值 | 均值差 | t 值 | 使用组均值 | 控制组均值 | 均值差 | t 值 |
| *CR*30 | 0.770 1 | 0.775 0 | −0.004 9 | −0.05 | 0.770 1 | 1.236 1 | 0.466*** | −2.07 |
| *CR*60 | 0.684 1 | 0.675 5 | 0.008 6 | 0.10 | 0.684 1 | 1.110 9 | 0.426 8*** | −2.16 |
| *CR*90 | 0.674 9 | 0.618 5 | 0.056 4 | 0.59 | 0.674 9 | 1.032 3 | −0.357 4** | −1.71 |
| *CR*120 | 0.767 6 | 0.706 4 | 0.061 2 | 0.58 | 0.767 6 | 1.163 8 | −0.396 2** | −1.76 |
| *CR*150 | 0.828 1 | 0.801 6 | 0.026 4 | 0.24 | 0.828 1 | 1.264 1 | −0.436 1** | −1.81 |
| *CR*180 | 0.814 8 | 0.808 8 | 0.006 0 | 0.06 | 0.814 8 | 1.183 5 | −0.368 6** | −1.77 |

注：***、**、* 分别表示 1%、5%、10%的显著性水平。

表 5－3 的结果表明:在控制了 IPO 公司本身差异之后，两组超额累计收益率指标有显著的不同。总体来看，使用自主配售的公司长期累计超额收益率显著小于未使用自主配售的公司，股价相对稳定，累计收益率的波动较小，说明 IPO 定价效率较高，从而证明了研究假说 H1，即新股自主配售机制的采用，显著提升了 IPO 定价效率。

### (二) 机构投资者报价特征——对研究假说 H2 检验

由第二部分的理论分析可知，机构投资者报价过程在很大程度上决定了 IPO 的发行价格。在现阶段询价制度下，参与网下申购的机构投资者面临着利益得失的权衡，报价过低或过高均不能落在有效报价区间范围内，将失去获配资格，而因为高价剔除部分相对占比较高，为降低被剔除风险，在没有新股自主配售机制下，投资者倾向报低价。

我们用相对于 IPO 发行价格的机构报价来刻画机构报价行为，得到初步询价机构报价的描述性统计，包括报价的偏度、峰度、标准差、均值、中位数、最大值和最小值。

对全部机构的统计结果见表 5－4 的第 1 行。通过整理发行公告以及核对配售情况，我们计算出被剔除部分和低于剔除价的未被剔除部分报价情况，在表 5－4 的第 2、第 3 行显示。另外，网下机构投资者可以分为基金公司、证券公司、保险公司、财务公司、信托公司、个人投资者和其他投资者等几大类。本章中我们重点研究参与度高的基金公司、证券公司和保险公司的报价情况，在表 5－4 的第 4～6 行显示。

**表 5－4　初步询价报价行为描述性统计**

| | 偏度 | 峰度 | 平均值 | 标准差 | 最大值 | 中位数 | 最小值 |
|---|---|---|---|---|---|---|---|
| 总体 | 0.145 5 | 4.387 2 | 1.050 0 | 0.182 4 | 1.828 2 | 1.052 4 | 0.446 9 |
| 被剔除的高价部分 | 1.951 3 | 7.999 5 | 1.466 8 | 0.161 2 | 2.165 8 | 1.430 8 | 1.259 1 |
| 低于剔除价部分 | −1.365 3 | 2.373 0 | 1.081 6 | 0.157 6 | 1.256 5 | 1.125 5 | 0.545 6 |
| 基金公司报价 | −0.273 3 | 2.492 1 | 1.308 3 | 0.206 9 | 1.863 4 | 1.315 0 | 0.690 8 |
| 证券公司报价 | −0.106 0 | 1.776 3 | 1.285 8 | 0.225 5 | 1.879 6 | 1.295 1 | 0.690 8 |
| 保险公司报价 | −0.288 1 | 2.194 2 | 1.240 5 | 0.189 8 | 1.687 9 | 1.260 6 | 0.742 0 |

表 5－4 的结果显示：从整体上看，IPO 定价最终均落在初步询价报价的均值和中位数附近。总体报价的偏度略大于 0，但通过对样本逐一进行正态分布检验，报价偏度为负的 IPO 公司数占 56.25%。因此，只是从整体的统计数据上进行分析，我们不能断言参与询价的全体投资者的报价行为，其有集中报高价还是报低价的倾向。

为此，我们考虑投资者的报价行为是否因为承销商自主配售权而有所差异。对 0 组(控制组)和 1 组(使用组)的相对发行价格的均值和中位数进行两组独立样本 t 检验，结果如表 5－5 所示。

**表 5－5　整体报价均值和中位数 t 检验**

| 整体报价 | 控制组均值 | 使用组均值 | t 检验结果 | |
|---|---|---|---|---|
| | | | t 值 | $Pr>\|t\|$ |
| 均值 | 0.996 6 | 1.108 2 | −1.64 | 0.110 1 |
| 中位数 | 0.995 3 | 1.114 5 | −1.71 | 0.097 9 |

表 5－5 的结果显示：投资者对未使用自主配售的新股的报价相对发行价格而言较低，而对使用自主配售的新股的报价相对发行价格较高，且两者中位数的差异在 10％水平下显著。当投资者想要申购使用自主配售的新股时，相对来说因报高价而被剔除的概率较小，因此投资者无须故意压低报价，而倾向报出真实价格，甚至报出高于其价值的价格以迎合承销商。在此，高的价格并不是对于自身的报价习惯而言的，而是相对其他竞争机构而言，更是相对主承销商与发行人的意愿价格而言的。在承销商自主配售权之下，受到“青睐”的投资者相对购买需求只占少数，为了迎合承销商与发行人的意愿，获得自主配售的资格，机构间的竞争加剧，整体投资者对自主配售的新股报价更高。

因此，从以上的分析看，自主配售制度的实行使得机构投资者之间的竞争加剧，投资者报价比较高，自主配售制度抑制了 IPO 抑价。

同时，我们还分析了报价偏度的差异，以此了解报价的集中程度，考察机构投资者的竞争激烈程度。在参与询价的机构投资者中，基金公司、证券公司、保险公司这三类机构合起来共提供了 75％左右报价，占据了主体地位。从表 5－4 整体样本的统计结果可看到，基金公司、证券公司、保险公司的报价偏度均为负，即绝大多数报价集中在均值右侧的高价区域。考虑各类机构对自主配售 IPO 公司和非自主配售 IPO 公司的不同报价反应，在同类机构内部对两类报价偏度进行 t 检验，结果如表 5－6 所示。

**表 5－6　各类型机构报价偏度 t 检验**

| 报价偏度 | 控制组均值 | 使用组均值 | t 检验结果 | |
|---|---|---|---|---|
| | | | t 值 | $Pr>\|t\|$ |
| 基金公司 | −0.549 3 | 0.026 6 | −1.81 | 0.076 1 |
| 证券公司 | −0.155 3 | −0.052 4 | 无显著差异 | |
| 保险公司 | −0.338 1 | −0.225 6 | 无显著差异 | |

表 5－6 的结果显示：在证券公司和保险公司这两类公司的询价中，报价呈现出左偏倾向，即集中报高价的趋势，且报价习惯不因自主配售权而有显著差异。而基金公司的情况较为特殊，对不使用自主配售的 IPO 报价集

中于高价部分，而对使用自主配售的 IPO 报价集中于低价部分，报价偏度在 10%水平下有显著差异。在此，高价与低价的区分是对其自身的报价习惯而言的。基金公司在 IPO 初步询价中提供了约 40%的报价，并在日常业务往来中与各类公司机构保持着利益关系。鉴于基金公司报价在此表现出的异常性，我们或许可以提出这样的一种理解：若基金公司与拥有自主配售权的承销商在私底下存在着利益输送，则在参与询价时其可提供相对较低的价格，因为它不需要报高价来争夺获配权。因此在面对行使自主配售权的承销商时，基金公司与其他机构的报价表现相悖，更有可能因为自主配售权而获得隐形的获配保障，具有潜在的利益输送可能。

以上从整体的报价与某类机构的报价两个角度进行分析，我们认为承销商对自主配售权的使用与否对整体投资者的报价行为有明显影响。承销商行使自主配售权的新股，投资者倾向于报出高价，这是整个报价群体内部差异相互平衡后的表现。从整个机构投资者的角度而言，研究假说 H2 总体成立。需要指出的是，当我们分析各类机构的报价行为时，必须考虑机构自身的利益趋向和利益特征，H2 并不对每一类机构投资者成立。

### （三）新股定价过程中投资者信息含量——对研究假说 H3 检验

新股合理定价源于投资者提供的报价中信息的含量，“信息收集假说”表明询价中承销商自主配售权能够激励投资者进行信息挖掘，提供新股定价信息。

为了考察询价过程中机构投资者报价中所含的信息量，我们选用发行价对承销商估价区间的调整比例作为指标，并对这一指标在使用自主配售权和不使用自主配售权的两组样本中进行了均值检验，检验结果如表 5 - 7 所示。

**表 5 - 7　定价调整比例及 t 检验**

| 定价调整比例 | 控制组均值 | 使用组均值 | t 检验结果 | |
|---|---|---|---|---|
| | | | t 值 | $Pr>\|t\|$ |
| 均值 | 0.124 9 | 0.577 5 | −0.95 | 0.354 4 |

表 5 - 7 的结果表明：使用自主配售的新股发行价对承销商估值区间均值的调整幅度大于不使用自主配售权的新股，表明新股定价所含的信息含

量多,尽管在10%水平下并不显著①。投资者在报价过程中有动力发掘新股价值信息,而不是将报价锚定在承销商提供的价值区间,因此自主配售促进了新股价值挖掘,从而在一定程度上证明了研究假说H3。

### (四) 案例分析

我们选取我武生物和纽威股份这两只新股(自主配售权的使用较为明显)分析。

我武生物创建于2002年,是一家专业从事过敏诊断及治疗产品的研发、生产和销售的高科技生物制药企业。该公司IPO网下配售方案中,19个提供有效报价的投资者中有18个获得配售,平均获配比例为6.64%,然而"国联安一吾同一灵活配置分级7号资产管理计划"作为机构投资者,获配比例高达100%,柳海彬作为个人投资者,获配比例也高达50%,另外宁波阿尔法投资管理有限公司最终获配比例也为50%。报道显示,管理这个专户的吾同投资三个合伙人中,两个曾在闽发证券工作,而我武生物主承销商海际大和证券现任总经理马飞,也曾在闽发证券工作。对此,证监会新闻发言人表示,改革新股配售的方式是新股发行改革的重要内容,主承销商自主配售符合市场化改革的方向,但不是放任自流,同时进一步指出,"发行人和主承销商要严格遵守新股发行体制改革意见、交易所规则等相关规定,不得通过自主配售,向其他相关群体输入利益,要切实做到合规配售、依法定价。"从这一案例可以看到,尽管目前来说没有证据证明我武生物IPO新股配售过程中存在利益输送,但是市场质疑的声音不断,在这一背景下继续推进新股配售会产生不良影响。

纽威股份创立于1997年,总部设在江苏苏州,自成立以来该公司一直致力于工业阀门的研发与制造,以为客户提供全套工业阀门解决方案为目标。在其询价公告中,其主承销商中信建投表示,将根据配售对象的报价情况、有效申购数量、投研能力、风险承受能力等因素对配售对象进行综合评定,给予每个因素一定的分数权重,并且考虑配售对象与发行人和主承销商

① 这一定价调整比例的差异性不显著很可能是样本量过小导致。

的业务合作关系，将网下投资者分成 A、B、C 三类，配售比例各有不同。此外，公告进一步表示，“对曾经参与或拟参与中信建投的融资项目，或存在与主承销商有其他业务合作记录等的投资人，在网下配售时会给予其一定的考量权重。”从这一表述来看，我们无法看到新股配售机制对投资者信息挖掘的激励和引导，反而容易引起市场对其利益输送的质疑。

为从总体上衡量自主配售情况，我们用申购量大小(Bid Size)＝有效申购数量/该 IPO 总申购数量，来反映投资者申购单的大小；获配比例＝有效申购数量/获配数量，获配比越高，说明投资者越受到承销商“青睐”。

其申购量大小的分布直方图和核密度曲线如图 5－2 所示。两只 IPO 的申购量的分布均存在右偏和尖峰厚尾效应，偏度分别为 1.52 和 1.76，峰度为 4.78 和 5.51，说明有很大一部分的申购量位于总申购量中左侧小于 5％的部分，而右侧有异常的比较高的申购量。

再看我武生物、众信旅游、纽威股份三只新股的具体配售情况，如图 5－3 所示，每个点代表投资者的申购量比例和获配量比例。图中 45 度直线代表了按比例配售的所有情况，位于直线上下区域的分别是获得高于比例配售的投资者和获得低于比例配售的投资者。图中可以看到三只新股均存在受“青睐”和“不受青睐”的投资者，且我武生物和众信旅游都有接近于 100％获配的情况，这些新股的高额配售，有利益输送之嫌，因而在市场上广受诟病。

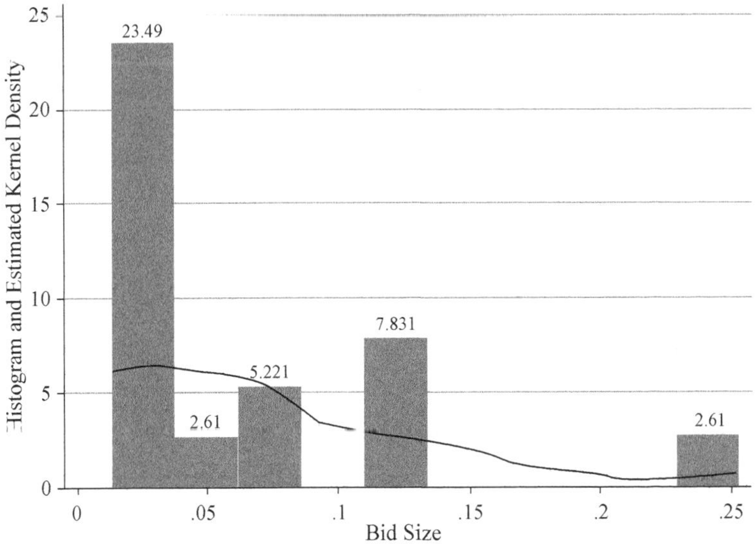


(a)

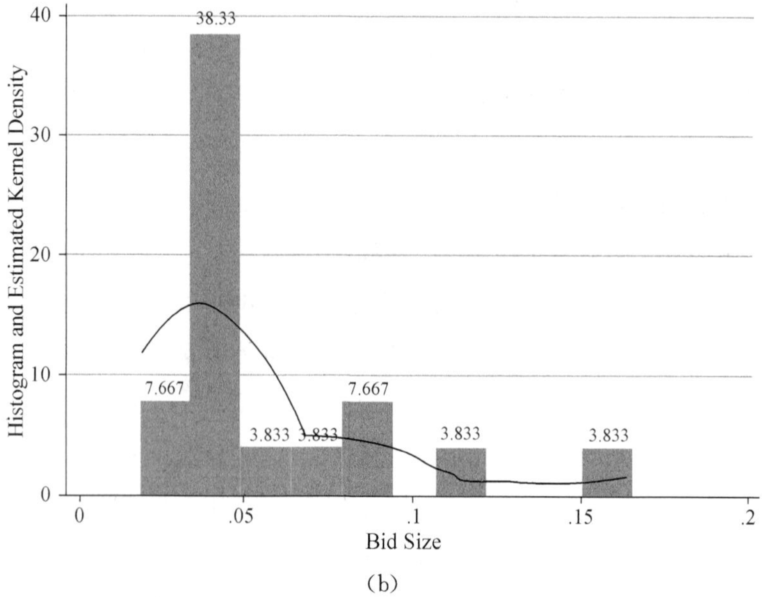


**图 5-2　我武生物(a)和纽威股份(b)机构投资者申购量分布**

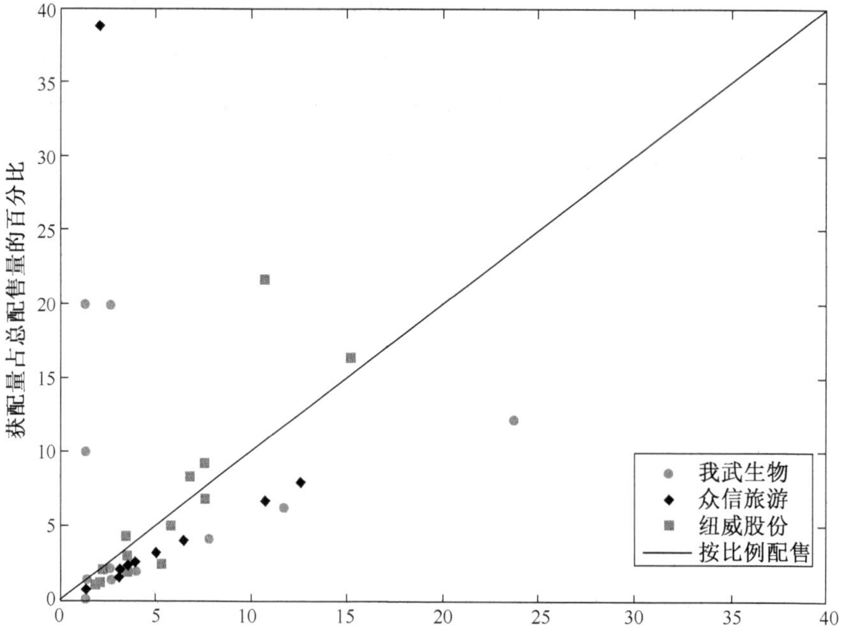


**图 5-3　三只 IPO 机构投资者的获配比例**

从上面的案例分析中可以看到，机构投资者的申购量大小存在明显的差异，申购量小的占大多数，承销商倾向于向申购量小的投资者配售新股，另外机构类型影响其获配情况，承销商对某些类型的投资者（基金和社保）比较偏爱。新股自主配售中还存在着极端的配售情况，可以推测自主配售中可能存在着承销商向投资者输送利益的问题，一定程度上影响了自主配售制度的实施，并导致新股配售最终被叫停。

## 五、结论与建议

本章研究结果表明，总体上使用自主配售的新股上市后累计收益率较小，说明公司股价稳定，一级市场上 IPO 定价合理。从投资者报价特征看，自主配售制度的实行使得机构投资者之间为争夺获配权而加剧竞争，投资者报价比较高，自主配售制度抑制了 IPO 抑价。此外，使用自主配售的新股定价过程中包含的投资者信息量较多，发行价对承销商估值的调整较大，因此可认为自主配售促进了新股价值挖掘。尽管如此，由于新股自主配售过程中投资者获配比例的悬殊，加上承销商未能清楚表达为何某些投资者能够获得高额配售，使得这一新的制度在我国的实施并没有一帆风顺，最终被证监会叫停。

本章的不足之处在于，以上实证分析的样本量比较小，异常情况可能对结果影响较大，因此最好能够在大样本分析的基础上，通过案例分析更好地来解释新股自主配售制度对新股定价效率以及投资者报价行为的影响。我们期待以后的研究来完善我们的发现与结论。

# 第六章　询价制度渐进式改革过程中的财富分配效应研究①

自2005年中国股票市场新股发行实行询价制度以来，证监会先后实施了六次改革，对IPO定价制度进行完善，但是在改革的过程中往往顾此失彼，在解决老问题的同时带来新问题。对此，本章借鉴Sloan(2015)提出的财富转移量化模型，从利益相关者之间的财富分配的角度，对一系列询价制度改革的有效性进行研究。总体来说，中国市场一系列询价制度改革并非真的提高了IPO定价效率，而只是改变了投资者和发行人之间的财富分配。基于本章的研究，我们提出中国股票市场应进一步推进发行制度改革的建议。

## 一、引　言

自2005年中国股票市场实行询价制度以来，IPO定价过程中出现的各种问题一直是理论界和学术界关注的焦点。尽管证监会先后实施了六次改革，对这一定价制度进行完善，但是在改革的过程中往往顾此失彼，在解决老问题的同时带来新问题。

本章从IPO利益相关方的角度出发，借鉴Sloan(2015)中的财富转移量化方法，分别对第一次至第六次改革前、后利益相关者之间的财富分配效应进行研究，评估一系列询价制度改革的有效性，为询价制度推行以来出现的各种IPO市场异象提供系统的理论解释。本章的研究定量分析了历次

① 感谢杜艳琪、江焘同学在本章研究过程中，提供的出色的助理工作。

询价制度改革对投资者和发行人之间财富分配的影响，揭示了中国市场IPO询价制度改革的本质，即从一种形式的非效率转向另一种形式的非效率，并未真正提高IPO定价效率。

相对已有研究，本章的创新点在于：第一，在国内外学者研究的基础上，对IPO询价制度改革过程中的利益相关者之间的财富分配效应进行量化分析与刻画，评估一系列询价制度改革的有效性。第二，前人的研究大多只是针对某一次询价制度改革，尤其是第一次询价制度改革，而本章采用的数据时间跨度较长，系统研究了第一次至第六次询价制度改革前、后利益相关者之间的财富分配效应。

## 二、相关文献综述

国内外学者们针对利益相关者之间的财富分配效应的研究相对较少，且大多从股票增发的角度来研究（Sloan，2015；张鸣和郭思永，2009；崔晓蕾和何婧，2016），国内学者则主要研究了定向增发的过程中利益相关者之间的财富分配效应。我们分别对国外和国内文献进行评述。

国外学者主要研究了股票增发过程中利益相关者之间的财富分配效应。如Eberhart(2015)从异常的长期债券回报角度研究了股权再融资后出现异常低的长期股票收益这一现象，发现股权再融资降低了违约风险，使得财富由股东向债券持有者转移，说明公司股权再融资后产生的异常低的股票收益背后其实是一个财富再分配的过程。Loughran(2015)则对IPO抑价发行这一现象进行研究，并对这一现象给出解释的同时，提出抑价发行有益于承销商，但对发行人来说却增加了间接成本，说明发行人的财富在抑价发行过程中转出。Sloan(2015)则对公司发行和回购股票的过程中发生的财富转移进行量化研究，发现：当公司溢价发行（或抑价回购）股票时，财富由交易性股东向持有型股东转移，相反，当公司抑价发行（或溢价回购）股票时，财富由持有型股东向交易型股东转移。Babenko(2016)在对市场择时是否有利于股东时，也得出了类似的结论，即市场择时对股东们的影响是对称的：股东们倾向于公司修正抑价，而不倾向于公司修正溢价。

国内学者则主要对定向增发过程中利益相关者之间的财富分配进行了

研究。如张鸣和郭思永(2009)以2005～2007年成功进行定向增发的上市公司为样本,研究了上市公司控股大股东是否会通过定向增发进行财富转移,发现控股股东会利用控制权借助定向增发中的融资手段直接转移上市公司的财富,为定向增发中存在的财富转移提供了直接证据。之后,郭思永(2012)又以2006～2010年成功进行定向增发的上市公司为样本,研究了投资者保护对上市公司定向增发中的财富转移行为的影响,为控股股东在定向增发中的财富转移行为提供了佐证。郭思永和刘春江(2013)在研究市场时机对上市公司定向增发发行价格的影响时,也发现大股东借助增发折价进行财富转移。类似的,崔晓蕾和何婧(2016)从定向增发折价的视角,研究了大股东机会主义和投资者情绪对定向增发中财富转移的影响,也得出与张鸣和郭思永(2009)一致的结论,并发现投资者情绪越高涨,财富转移程度越高。薛健和窦超(2015)则研究了并购重组中的信息泄露和财富转移效应,发现并购重组中存在信息泄露,导致了财富由个人投资者向机构投资者的转移效应。

此外,田利辉(2010)分别从理论和实证两个角度检验了发行超额抑价的影响因素,指出我国以往的IPO超额抑价现象是制度性抑价,新股发行改革是必要的。同时也指出,较长的发行上市间隔,使得新股的外部投资者要承受财富转移的风险。李心丹和俞红海等(2013)则详细比较分析了第一次询价制度改革前后的定价效率及机构投资者行为,结果表明:改革前,参与询价的机构之间合谋导致IPO折价发行,改革后,机构之间的过度竞争引发IPO溢价发行;此外,第一次询价制度改革并未真正提升IPO定价效率,只是改变了原有的财富分配效应,改革前,分配体制有利于机构投资者的利益,改革后,新的分配体制更有利于发行人和承销商。

纵观上述研究,国外学者大多从股票增发的角度出发研究了该过程中利益相关者之间财富分配效应,发现抑价发行不利于发行人的收益。国内学者则主要研究了股票定向增发过程中的利益相关者之间的财富分配,发现大股东利用折价发行转移上市公司的财富。但是关于财富分配的研究相对来说较少,更鲜有学者针对IPO发行过程中的财富分配进行研究。

## 三、研究设计

### (一) 样本选择及数据来源

本章主要选取了中国股票市场 2008 年 1 月 1 日至 2017 年 5 月 31 日期间沪深两地上市的所有 A 股股票为样本，相关数据均来源于 Wind 数据库。为了保证结果的有效性，我们根据以下原则对数据进行处理：由于金融企业财务报表的特殊性，剔除了金融行业上市公司的股票；由于被 ST 期间，公司股票的交易制度与正常公司有较大差异，故而去除 ST 类上市公司的数据；考虑到定增、配股对利益相关者之间的财富分配效应的影响，剔除上市 3 年内进行定增、配股的上市公司数据。

### (二) 研究设计

本部分主要借鉴 Sloan(2015)财富转移的量化方法，来分析询价制度改革过程中，发行人和外部投资者之间的财富分配问题。

首先我们假设：IPO 前股票的真实价值为 $I$，股票的初始数量为 $N$，新股发行的股票数量为 $S$，IPO 发行价格为 $P$。因此，发行人持有的股票在 IPO 前的价值为 $I$，IPO 后由于公司发行了股票，发行人持有的股票价值转变为$\frac{N}{S+N}(I+P\times S)$。因此，对于发行人来说，他们在 IPO 后财富转移的量为：

$$WT=\frac{N}{S+N}(I+P\times S)-I=\frac{S}{S+N}(P\times N-I) \tag{6-1}$$

从式(6-1)可以看出，只要 $P\times N>I$，发行人就会得到正的财富转移。也就是说，如果股票定价过高，财富将从外部投资者转移到发行人，并且，这种财富转移的量会随着溢价程度的增加而增加。反之，如果定价过低，则财富从发行人转移到外部投资者手中。

而要想实现对财富转移的量化分析，首先需要估计的关键未知量就是公司上市前的实际价值 $I$。对此，我们假设股价在上市 $T$ 期后得到修正，并定义 $RT$ 为 IPO 后 $T$ 期内累计实现的收益，$MT$ 为没有误定价下的正常收益，则有：

$$(P\times N+P\times S)(1+RT)=(I+P\times S)(1+MT) \tag{6-2}$$

故有：

$$I=\frac{1+RT}{1+MT}(P\times N+P\times S)-P\times S \tag{6-3}$$

因此，从发行人的角度给出的财富转移（$WT$）的量化模型如下：

$$WT_t=P\times S\left(\frac{MT_{t+1,t+T}-RT_{t+1,t+T}}{1+MT_{t+1,t+T}}\right) \tag{6-4}$$

其中，$RT_{t+1,t+T}$表示从$t+1$年至$t+T$年，共$T$年间的累积股票收益，并采用月度收益数据计算。$MT_{t+1,t+T}$表示从$t+1$年至$t+T$年，共$T$年间的累积正常收益，计算方法是，首先按照$EXF/I_0$对样本进行十等分，然后用等权重的方法计算每一个十等分组合的平均收益，最后将所得的平均收益作为该组合中公司的正常收益。$EXF$表示首发募集资金。$I_0$表示 IPO 股票上市前的初始价值，其值等于$P_0\times N$（$P_0$为 IPO 股票首发时的行业市盈率对应的股票价格，此外，在稳健性检验部分用 PSM 配对样本在 IPO 当日的收盘价来代替）。

举一个简单的例子，考虑一个只有 10 元现金，两股普通股，尚无净现值大于 0 的投资项目的公司。传统估值理论的结果是每股价值为 5 元。但是，如果现在该公司进行 IPO 发行新股，并且承诺投资者有净现值大于 0 的投资项目，那么该公司的股价大于 5 元。在这种情况下，该公司可以通过发行新股为老股东带来利益。假设该公司以$P$的发行价格发行$S$股股票，则普通股的价值变为：$(P\times S+5\times 2)/(S+2)$。如果公司定价合理，则发行价格为 5 元，IPO 后普通股价值不变仍为 5 元。但是，如果公司的股票价值被高估，以高于 5 元的价格发行，则 IPO 后普通股的价值会大于 5 元。例如，公司以$P=10$元发行 2 股，则每股价值变为 7.5 元，其实质是参与 IPO 的股东其财富向老股东转移。

### （三）变量设计

上述研究方法中涉及的变量如表 6－1 所示：

**表 6-1 变量名称及定义**

| 变量符号 | 变量名称 | 变量定义 |
|---|---|---|
| $WT_t$ | 财富转移量 | $WT_t=P\times S\left(\frac{MT_{t+1,t+T}-RT_{t+1,t+T}}{1+MT_{t+1,t+T}}\right)$ |
| $RT_{t+1,t+T}$ | 累积股票收益 | 从 $t+1$ 年至 $t+T$ 年，共 $T$ 年间的累积股票收益，采用月度收益数据计算 |
| $MT_{t+1,t+T}$ | 累计正常收益 | 从 $t+1$ 年至 $t+T$ 年，共 $T$ 年间的累积正常收益。计算方法是，首先按照 $EXF/I_0$ 对样本进行十等分，然后用等权重的方法计算每一个十等分组合的平均收益，最后将所得的平均收益作为该组合中公司的正常收益 |
| EXF | 首发募集资金 | IPO 股票发行时募集的资金总额 |
| $I_0$ | 初始价值 | $I_0=P_0\times N$，其中 $P_0$ 为 IPO 股票首发时的行业市盈率对应的股票价格。此外，在稳健性检验部分用 PSM 配对样本在 IPO 当日的收盘价来代替 |
| $MV_t$ | 公司市值 | 第 $t$ 年末的公司市值 |

## 四、实证结果与分析

本部分主要是对一系列询价制度改革前后利益相关者(包括发行人和外部投资者)之间的财富分配效应进行定量研究，进而分析实施询价制度改革的有效性。考虑到公司上市三年后，其股价基本趋于稳定，可以较好地反映公司的真实价值，故而对于模型中的 T 值，我们选择 $T=3$。但是由于时间限制，针对第五次改革，我们用上市 2 年后的股票价格作为 IPO 时股票内在价值的参照基准，针对第六次改革，我们用上市 1 年后的股票价格作为 IPO 期间股票内在价值的参照基准。

首先，我们以 2009 年 6 月第一阶段改革实施为标志，将时间区间分为 2008 年 1 月至 2009 年 5 月和 2009 年 6 月至 2010 年 9 月两个时间段，并分别对这两个时间段的财富转移情况进行描述性统计，见表 6-2 和表 6-3，其中 $WT$ 的值以百万元为单位。

**表 6-2　第一次询价制度改革前 IPO 过程中的财富转移**

| *Horizon*(*T*) | Wealth transfer：WT(第一次改革前) | | |
|---|---|---|---|
| | *N* | *Sum* | *Mean* |
| 1 | 63 | −154.84 | −2.46 |
| 2 | 63 | −148.23 | −2.35 |
| 3 | 63 | −3.13 | −0.05 |

询价制度实施初期，通过累计投标询价确定发行价格，其中，参与询价配售的对象限定为七类机构投资者，而且机构投资者可以同时参与网上网下配售。因此，机构投资者即使因报价过低而无法参与网下配售，还可以利用其资金优势参与网上配售来获得暴利，故而机构往往会通过合谋压低报价来获得高回报，导致 IPO 折价发行，财富分配机制有利于外部投资者。

从表 6-2 的结果可以看出，在 2008 年 1 月至 2009 年 5 月期间上市的公司，IPO 过程中，发行人财富向外部投资者转移。其中，以 1 年后的价格作为其 IPO 期间内在价值的参照基准，则财富转移总量约为−15 484 万元，平均每家公司的财富转移量约为−246 万元；以上市 2 年后的价格作为内在价值的参照基准，财富转移总量约为−14 823 万元，平均每家公司的财富转移量约为−235 万元。因此，总体来看，第一次询价制度改革前，存在 IPO 折价发行的情况，财富由发行人向外部投资者转移。

第一次询价制度改革，主要是对网上发行机制进行优化，将网下网上申购参与对象分开，对每一只股票发行，任一股票配售对象只能选择网下或者网上一种方式进行新股申购。这一发行机制的实施，打破了机构投资者之间的合谋，但同时会引发机构之间的竞争，机构投资者为了获得网下配售资格，会尽可能提供高的报价，从而推高 IPO 发行价格并可能导致 IPO 溢价发行，财富分配机制有利于发行人。

从表 6-3 就可以看出，2009 年 6 月至 2010 年 9 月期间上市的公司，其 IPO 过程中，财富由外部投资者向发行人转移。其中，以上市 3 年后的价格作为 IPO 期间股票内在价值的参照基准来衡量，则这一期间外部投资者向发行人转移的财富总量约为 668 268 万元，平均每家公司的财富转移量约为 2 050 万元。表明，第一次询价制度改革后，存在 IPO 溢价发行的情况，财富由外部投资者向发行人转移。

**表 6-3　第一次改革后 IPO 过程中的财富转移**

| *Horizon*(*T*) | Wealth transfer：WT(第一次改革后) | | |
|---|---|---|---|
| | *N* | *Sum* | *Mean* |
| 1 | 326 | 648.36 | 1.99 |
| 2 | 326 | 4 811.93 | 14.76 |
| 3 | 326 | 6 682.68 | 20.50 |

然后，我们分别以 2010 年 10 月的第二次询价制度改革、2012 年 4 月的第三次询价制度改革、2013 年 11 月的第四次询价制度改革、2014 年 4 月的第五次询价制度改革、2015 年 12 月第六次询价制度改革为标志，将时间区间又分为 2010 年 10 月至 2012 年 3 月、2012 年 4 月至 2013 年 11 月、2013 年 12 月至 2014 年 3 月、2014 年 4 月至 2015 年 12 月、2016 年五个时间段，并分别对这五个时间段的财富转移情况进行描述性统计，具体结果见表 6-4 至表 6-8，其中*WT*的值以百万元为单位。

第二次询价制度改革主要是在第一次改革的基础上，扩大了询价对象范围，充实网下机构投资者。此次改革加剧了机构投资者之间的竞争，因而机构投资者仍然会为了配售资格，继续推高 IPO 价格，最终导致 IPO 溢价发行，财富分配机制有利于发行人。

从表 6-4 的结果可以看出，第二次改革和第一次改革的结果类似，第二次询价制度改革后，IPO 过程中财富由外部投资者向发行人转移。其中以上市后 3 年的股票价格作为 IPO 期间股票实际价值的代理变量进行衡量，平均每家公司其外部投资者向发行人转移约 1 282 万元。

**表 6-4　第二次改革后 IPO 过程中的财富转移**

| *Horizon*(*T*) | Wealth transfer：WT(第二次改革后) | | |
|---|---|---|---|
| | *N* | *Sum* | *Mean* |
| 1 | 401 | 2 778.38 | 6.93 |
| 2 | 401 | 5 428.61 | 13.54 |
| 3 | 401 | 5 141.42 | 12.82 |

第三次改革措施主要包括:一是限定发行价格市盈率,其中询价结果确定的发行价格市盈率高于同行业上市公司平均市盈率25%的,证监会综合考虑补充披露信息等相关情况后,可要求发行人及承销商重新询价;二是建立网下向网上的回拨机制,网下中签率高于网上中签率的2~4倍时,发行人和承销商应将本次发售股份中的10%从网下向网上回拨,超过4倍时应将本次发售股份中的20%从网下向网上回拨;三是取消网下配售股份3个月的锁定期,并推动部分老股向网下投资者转让。此次改革一方面限定了IPO发行价格,抑制了IPO溢价发行,另一方面提高了新上市公司股票的流通性,因而询价对象对于配售资格的竞争减弱,也在一定程度上抑制了IPO溢价发行。

从表6-5的结果可以看到,和第一次、第二次改革的结果相反,第三次询价制度改革后,IPO过程中财富转移量均负,即第三次询价制度改革后,又发生了IPO折价发行的情况,IPO过程中财富均由发行人向外部投资者转移。其中,以上市3年后的股票价格作为IPO期间股票实际价值的参照基准,发现IPO过程中财富转移总量约为−27 553万元,平均每家公司的财富转移量约为−353万元。因此,第三次改革的实施并没有真正提高财富分配的公平性,此次改革虽然抑制了IPO溢价发行情况,却又导致了IPO折价发行,财富分配机制有利于外部投资者。

**表6-5　第三次改革后IPO过程中的财富转移**

| *Horizon*(*T*) | Wealth transfer: WT(第三次改革后) | | |
|---|---|---|---|
| | *N* | *Sum* | *Mean* |
| 1 | 78 | −4.12 | −0.05 |
| 2 | 78 | −204.22 | −2.62 |
| 3 | 78 | −275.53 | −3.53 |

第四次询价制度改革主要包括:一是改革新股发行定价方式,发行价格由发行人与承销的证券公司自行协商确定;二是存量股发行政策;三是引入新股自主配售制度;四是设置新股上市首日涨跌幅。在IPO发行过程中,对发行人而言,其利益机制是在发行股票份额一定的情况下,如何筹集尽可能多的资金,尤其是获得更多的超募资金,因此,高发行价、高超募率是其追

求的主要目标。对 IPO 承销商而言，其利益机制是通过收取 IPO 发行承销费和保荐费来实现的，发行人为了实现高超募，往往在资金超募部分给予承销商更高的承销保荐费率，这种激励机制导致了承销商追求高发行价及相应的高超募率。因此，新的新股定价方式和新股自主配售制度无疑会导致 IPO 发行价格偏高，财富分配有利于发行人的利益。

从表 6-6 的结果就可以看出，第四次询价制度改革后，虽然时间较短，IPO 上市公司数量也较少，但总体来说，财富转移为正，即财富由外部投资者向发行人转移。其中，以上市 3 年后的股票价格作为 IPO 期间股票实际价值的参照基准，我们发现财富转移达 7 157 万元，平均每家上市公司其外部投资者向发行人转移 421 万元。

**表 6-6　第四次改革后 IPO 过程中的财富转移**

| *Horizon*(*T*) | Wealth transfer：WT(第四次改革后) | | |
|---|---|---|---|
| | *N* | *Sum* | *Mean* |
| 1 | 17 | 46.64 | 2.74 |
| 2 | 17 | 56.93 | 3.35 |
| 3 | 17 | 71.57 | 4.21 |

第四次改革实施后，首批上市的 48 只新股却出现了新的问题，并引发了 IPO 暂停，为此，时隔半年不到，证监会又于 2014 年 3 月 21 日进行了第五次改革。此次改革主要是对第四次改革的补充和完善，并对发行人和承销商的询价、定价、配售过程及发行价格进行了限定，要求发行人和主承销商对于拟定的发行价格对应的市盈率高于同行业上市公司二级市场平均市盈率的情况，应在网上申购前三周内连续发布投资风险特别公告。这一措施和第三次改革中的限定发行价格市盈率的措施类似，将有利于抑制 IPO 溢价发行的情况。

从表 6-7 中看出，和第三次改革后的结果类似，第五次询价制度改革后，再次发生了 IPO 折价发行的情况，并且在 IPO 后的 2 年内财富均由发行人向外部投资者转移。

**表 6-7 第五次改革后 IPO 过程中的财富转移**

| *Horizon*(*T*) | Wealth transfer：WT(第五次改革后) | | |
|---|---|---|---|
| | *N* | *Sum* | *Mean* |
| 1 | 200 | −353.26 | −1.77 |
| 2 | 200 | −153.46 | −1.04 |

第六次改革为消除巨额资金“打新”现象，创新性地发提出了“取消预缴款政策”，在一定程度上激励了投资者“打新”。表 6-8 中的结果虽然只有 1 年，但我们看到，该政策的实施更有利于财富分配机制向发行人倾斜。

**表 6-8 第六次改革后 IPO 过程中的财富转移**

| *Horizon*(*T*) | Wealth transfer：WT(第六次改革后) | | |
|---|---|---|---|
| | *N* | *Sum* | *Mean* |
| 1 | 40 | 35.19 | 0.88 |

总的来说，我们研究发现，一系列询价制度改革并未真正提高 IPO 定价效率，只是改变了原有的财富分配效应。第一次询价制度改革前，机构投资者合谋导致 IPO 折价发行，使得财富分配有利于外部投资者；第一次改革后，机构投资者过度竞争导致 IPO 溢价发行，使得财富分配有利于发行人；第三次改革措施，虽然抑制了 IPO 溢价发行，却重新带来了 IPO 折价发行，财富分配再次向外部投资者倾斜；第四次改革后，发行人和承销商自主定价和配售，使得 IPO 发行价格偏高，财富分配向发行人倾斜；第五次改革，由于行业市盈率的限定，使得 IPO 价格易被低估，财富分配机制有利于外部投资者；第六次改革创新性地提出了取消预缴款等新政，激励了外部投资者积极打新，有利于发行人的利益。因此，一系列询价制度改革并非真的提高了 IPO 定价效率，而只是由一种形式的无效性变为另一种形式的定价无效性。

## 五、结论与建议

自 2005 年 IPO 询价制度在中国股票市场推行以来，证监会先后实施了六次改革，但是在改革的过程中 IPO 首日高回报、IPO“三高”、IPO 后股票连续涨停等问题先后出现，询价制度改革的有效性受到质疑。那么，一系列询价制度改革是否真的行之有效？对 IPO 过程中的相关利益者而言，询价制度改革意味着什么？本章针对这些问题进行了系统的研究。

本章主要是借鉴 Sloan(2015)中的财富转移的量化方法，分别对第一次改革至第六次改革前、后利益相关者之间的财富分配效应进行研究，评估一系列询价制度改革的有效性。研究结果表明，第一次询价制度改革前，机构投资者合谋导致 IPO 折价发行，使得财富分配有利于外部投资者；第一次和第二次询价制度改革后，机构投资者过度竞争导致 IPO 溢价发行，使得财富分配有利于发行人；而第三次改革措施，虽然抑制了 IPO 溢价发行，却重新带来了 IPO 折价发行，财富分配再次向外部投资者倾斜；第四次改革后，发行人和承销商自主定价和配售，使得 IPO 发行价格偏高，财富分配向发行人倾斜；第五次改革，由于行业市盈率的限定，使得 IPO 价格易被低估，财富分配机制有利于外部投资者；而第六次改革创新性地提出了取消预缴款等新政，激励了外部投资者积极“打新”，有利于发行人的利益。因此，一系列询价制度改革并非真的提高了 IPO 定价效率，而只是由一种形式的无效性变为另一种形式的定价无效性。

基于本章的研究，我们认为，总体来说，当前 IPO 发行定价制度市场化改革的方向是对的，但需要进一步完善询价机制设计，提高利益相关者之间的财富分配公平性。具体来说，我们认为应当进一步推进发行制度改革，逐步从当前的核准制改革为注册制，以改变 IPO 资源稀缺性与投资者炒作现象。

# 第七章　私募股权突击入股及其对企业IPO前后的影响研究[①]

中小板和创业板市场上，企业上市前私募股权突击入股现象十分突出。本章专门针对企业IPO前私募股权突击入股的行为展开研究，选取2010年11月至2012年5月期间在这两个板块上市的342家企业为研究样本，主要从突击入股影响的存在性和差异性两个角度，系统研究其对企业IPO前后的影响。研究发现，总体来说，突击入股对企业IPO前盈余管理没有影响，但国有背景私募股权突击入股的企业IPO前盈余管理程度显著较高；私募股权突击入股对企业上市后每股收益增长率和ROA增长率的影响显著为负，即突击入股对上市公司业绩变脸存在显著影响，且持股比例越低的突击入股投资者所参与的企业长期绩效表现越差，但突击入股时间的长短对IPO后公司的表现没有显著影响。

## 一、引　言

随着中国资本市场的不断繁荣扩大，越来越多的目光汇聚到中小板和创业板上。与主板市场相比，中小板和创业板上市条件较为宽松，有助于中小企业和具有高成长性的企业获得更多的融资机会，促进企业发展。具体来看，中小板市场更多的是侧重于发展成熟的中小企业，而创业板主要集中于成长型、处于创业阶段的企业，更强调企业的自主创新能力。2014年年报显示，738家中小板上市企业中，462家公司实现业绩增长，中小板市场整

① 本章修改后的内容发表在《珞珈管理评论》2016年第1辑(总第18辑)，感谢韦倩静同学和蒋振凯同学出色的助理工作。

体实现营业收入约 2 万亿元，同比增长 12.1%，实现净利润 1 295 亿元；在创业板市场上，截至 2014 年 12 月，共有 406 家公司正式发行，其中 309 家公司业绩保持增长，创业板市场合计营业收入 3 678 亿元，较 2013 年增长 26.6%。由此可见，中小板和创业板市场已成为我国资本市场相当重要的一部分，初步形成了资本市场多层次发展的格局，为我国国民经济的发展注入了新的活力。

中小板和创业板市场的高增长性吸引了众多国内外私募股权投资者的关注。由于中国资本市场的独特性，众多私募股权的参与滋生了一个新的热点问题——“突击入股”。所谓突击入股，是指投资者在公司 IPO 前较短时间内以较为低廉的价格入股，通过二级市场上的溢价发行获得高额利润。在中小板和创业板正式开板之前，证监会基于鼓励和培育本土私募股权的考虑，在对突击入股行为审核时稍微放宽了限制。然而在目前的市场情况下，频繁上演的突击入股行为已经触动了广大中小投资者的利益，也在一定程度上带来了 PE 腐败，与证监会的初衷相背而驰。知名财经评论人士皮海洲曾公开表示，突击入股行为实际上就是对上市溢价的掠夺，有悖于证券市场的“三公原则”①。

与此同时，中小板和创业板市场上的另外一个现象——“业绩变脸”，也令人深思。所谓业绩变脸，即企业在 IPO 后出现的经营业绩明显下滑的现象。相关资料显示，目前我国中小板和创业市场上存在一定程度的短期内大面积业绩变脸以及上市后股价低迷的现象，其中逯东等(2015)从政治关联角度进行了解释。在本章中，我们关心的是，这种业绩变脸现象是否与私募股权的突击入股行为有关？由于目前国内外尚没有系统的关于突击入股行为内涵的研究，对其与中小板和创业板企业 IPO 前后的相关性也不甚了解。本章在结合目前国内外相关研究基础上，重点探究投资者突击入股行为对创业板和中小板企业 IPO 前后的影响。

本章系统研究私募股权突击入股行为对我国中小板和创业板市场上市公司在 IPO 前的盈余管理程度、IPO 首日抑价率，以及 IPO 后长期业绩的

---

① 皮海洲，“延长锁定期难解‘突击入股’症结”，《第一财经日报》，2010 年 6 月 30 日。

影响。研究结果发现，总体来说突击入股对企业 IPO 前盈余管理没有影响，但国有背景私募股权突击入股的企业 IPO 前盈余管理程度显著较高；私募股权突击入股对企业 IPO 后每股收益增长率和 ROA 增长率的影响显著为负，即突击入股对上市公司业绩变脸存在显著影响，且持股比例越低的突击入股投资者所参与的企业长期市场表现越差，但突击入股时间的长短对 IPO 后公司的表现没有显著影响。

相比已有研究，本章的主要贡献体现在以下两方面：第一，目前国内大多数学者都将研究的重点放在私募股权持股对上市企业的影响，而本章则从 IPO 前私募股权突击入股行为角度切入，重点考察这一突击入股行为特征差异性带来的影响，丰富了这一领域的研究；第二，现有文献主要从单个角度或者单个时间维度探讨私募股权投资对上市企业的影响，研究较为片面，本章从突击入股影响的存在性和差异性两个角度、IPO 前与 IPO 后两个时间维度，全面系统研究了突击入股行为在 IPO 过程中的作用及影响，进一步揭示了突击入股的投资规律及其投资动机，并针对性提出政策性建议。

## 二、文献综述与研究假说的提出

### （一）文献综述

所谓“私募股权”，是指以非公开的方式，在特定范围内向特定投资者募集资金而设立的基金，其投资对象主要是当前非上市交易但未来可能上市交易的权益性资产（张苏江、李心丹和俞红海，2014）。自 20 世纪 80 年代以来，国外学者开始关注私募股权领域，并在 90 年代形成了较为系统的理论体系，重点包括私募股权基金运作机制、市场作用、退出路径与收益分配等。与国外学者相比，由于私募股权投资在我国发展时间较短，以及我国资本市场的不完善性等因素，国内学者关于私募股权投资在企业 IPO 过程中角色及影响的研究相对较少，实证难度较大。然而随着我国资本市场的迅速扩张以及私募投资机构的日渐成熟，越来越多的学者对此进行了关注。

围绕本章的研究主题，本部分主要对私募股权投资与企业 IPO 前盈余管理、IPO 首日抑价及 IPO 后业绩变脸等相关研究进行回顾。纵观国内外相关文献，我们发现国内外学者对此主要持两类观点：一类观点认为私募股权对其持股参与企业有一定的促进作用，私募股权的参与能够降低企业的盈余管理程度，提升企业资质，监督企业改善自身经营状况；另一类观点则认为在引入私募投资时存在逆向选择以及 PE 为追求自身利益入股资质较差的企业，因而 PE 持股的企业上市后业绩出现反转，业绩表现较差。以上两种观点都有其正确性和适用性，我们将国内外研究学者关于私募股权投资对企业上市前后的影响归纳为以下四个假说，分别对相关文献进行综述。

1. 监督假说

Barry 等(1990)最先提出了“监督假说”。他们以 1978～1987 年美国股市数据为样本，研究发现 PE 投资的企业 IPO 时抑价率较低，与同期上市的其他企业相比，私募股权投资的企业质量要好。另外，即使这些企业在 PE 加入之前的质量与其他企业相比差异并不显著，但 PE 的监督作用会使其在加入企业的管理之后监督改善企业的运营管理，进而提升公司的资质。这一假说在国外得到了 Jain 和 Kini(1995)、Brav 和 Gompers(1997)、Terry 和 Melissa(2006)以及 Chahine 和 Filatotchev(2008)等的支持。国内市场上，陈详有(2010)在 2004～2007 年中小板上市的 199 家企业的基础上，研究发现私募股权的参与在 IPO 过程中可以起到监督作用，这一作用主要体现在上市企业 IPO 前的粉饰利润程度，即与无私募投资背景的上市公司相比，有私募投资背景的上市公司上市前盈余管理程度较低。同样，张子炜、李曜和徐莉(2012)选取 2009 年 10 月至 2011 年 3 月在我国创业板市场上市的 196 家公司为研究样本，发现 PE 投资者的持股时间会显著影响企业上市前的盈余管理程度。私募投资者持股时间较长，所投资企业的盈余管理程度较低，利润粉饰程度较低，PE 的参与在一定程度上能够体现其监督作用；相反，私募投资者入股时间较短(上市前一年左右)，其突击入股行为会显著增加上市企业 IPO 前的盈余管理程度。总体看来，这些学者认为私募股权投资者的入股行为以及其对所持股企业提供的增值服务，会在一定程度上改善公司的治理结构，进而有利于公司的上市表现。因此，在监督假说的观点下，私募股权投资的参与和入股企业的表现正相关，私募投资的经营资质较好，则其参与企业的盈余管理程度较低，IPO后市场表现较好。

2. 认证假说

Megginson和Weiss(1991)首先提出了“认证假说”。他们选取1983年1月至1987年9月在美国上市的“同类”(行业与发行规模相当)IPO公司为样本，研究发现与同类企业相比，私募投资参与的企业IPO抑价率显著较低，他们认为其原因在于私募投资机构在企业IPO过程中充当了“认证”机构，即私募股权的参与在一定程度上向投资者们传达出所投资企业是经过严格筛选的，其上市资质合格的信息。这一假说得到了Compers(1997)、Lin和Smith(1998)、Francis和Hasan(2001)、Hamao等(2000)以及Wang等(2003)的支持。国内学者李玉华和葛翔宇(2013)通过考察我国创业板市场在2009年至2012年上市的335只股票私募投资的参与对IPO过程的影响，发现在我国资本市场上私募资本可以起到一定程度的监督和认证作用，即与同类公司相比，PE所参与的企业IPO前的盈余管理程度较低，IPO时的抑价率较低。此外，进一步研究发现，私募资本的增值服务作用在我国市场上并不显著，PE所参与的企业IPO后的业绩并不十分理想。然而Clement等(2003)对新加坡资本市场进行研究，发现私募资本的认证作用只是部分得到证明。虽然私募投资持股的企业IPO抑价率显著较低，引入声誉较好的承销商，然而入股企业的承销费用和发行费用并没有显著降低。类似，李曜和张子炜(2011)通过研究发现私募股权资本在我国资本市场上不能发挥认证作用，这主要是由于目前我国的私募股权投资者更加倾向于投资高估值行业，其入股企业资质较差，持股的公司IPO抑价率较高。因此，由于各国资本市场的独特性，私募股权的认证作用还待进一步检验。

3. 逆向选择假说

与监督假说和认证假说不同，部分学者从信息不对称的角度对私募股权投资与上市公司IPO前后的表现进行了研究，得出了相反的结论。Amit、Glosten和Muller(1990)最早提出“逆向选择”假说。在该假说的前提下，私募股权投资者在挑选入股企业时，由于与上市公司之间存在着信息不对称和代理等问题，导致与未入股企业相比，私募持股的公司往往风险较高、资质较差或者存在管理层能力不足、长期规划混乱的现象，进而在企业 IPO 时存在更大的抑价率。Haman 等(2000)对日本上市公司进行研究，结果表明与无私募股权投资的同行业相同规模的上市企业相比，私募股权投资背景的上市企业其长期市场表现并没有较大不同。Franzke(2001)选取 1997～2000 年德国 Neuer 市场上市的企业为样本，重点探究其上市后的经营表现，研究显示与无私募股权投资背景的企业相比，私募投资背景的企业虽然股票发行规模更大，但其上市前经营状况却逊于前者，上市时抑价程度较高。他们认为，其可能存在的原因是私募持股的企业上市前资质较差，并且承销商在发行规模较大的前提下更加倾向于通过较高的发行抑价保证 IPO 的顺利进行。中国市场上，方军雄(2012)研究表明，券商股权投资会在一定程度上损害承销商的独立性以及 IPO 市场的融资效率。通过对 2009～2011 年我国 IPO 企业初步探究发现，与其他同类公司相比，有券商股权投资背景的企业上市前盈余管理程度显著较高，承销费用较高，发行抑价程度较大，并且存在上市后会计业绩变脸的情况。进一步研究发现，券商入股时间越早，其盈余管理程度就越大。

4. 逐名效应假说

部分学者从投资机构声誉的角度对认证假说和监督假说的反转现象进行了解释。SaWinan(1990)研究发现，投资机构对其所投资公司产生不同影响的一重要因素是其声誉状况。Gompers(1996)在此基础上进行研究并最终提出了“逐名效应假说”。在该假说前提下，由于资本市场上存在着激烈的竞争，私募投资者承受着资本回收和增值的双重压力。为尽快建立良好的市场声誉获得更多资本，私募投资者往往有较强的动机将尚未处于成熟期的企业启动 IPO 过程，因而与无私募投资背景的企业相比，PE 持股的公司往往抑价水平较高，长期经营状况较差。Wang 等(2003)、Lee 和 Wahal(2004)和 Neus 和 Walz(2005)等对该说法给予了支持。李曜和王秀军(2015)研究发现私募股权投资的企业能够吸引更有声誉的承销商、更多的投资者和分析师关注，IPO 首日抑价率较高。他们认为，在市场缺乏声誉约束机制的情况下，一些成立时间较短或者投资资质较低的私募股权投资者，为尽快建立良好的市场声誉获得资本积累，往往会将希望寄托于高额的发行抑价，因此与其他同类公司相比，被PE选中的公司，上市时机往往并不成熟，IPO时抑价率较高。

5. 总结性评论

从上面的文献回顾中我们可以看到，目前国内外学者对于私募股权投资与公司上市前后表现的探究主要从监督假说、认证假说、逆向选择假说以及逐名效应假说等角度进行考量。支持监督假说和认证假说的学者认为私募股权投资的参与能够显著改善企业的经营资质，进而所参与的公司有较好的市场表现，具体体现为前期盈余管理程度较低，发行抑价率较低。与之相反，支持逆向选择假说和逐名效应假说的学者则认为上市企业或者私募投资者为了追求自身利益，导致前期利润粉饰程度较大，首日抑价率较高。然而由于选取样本以及研究方法的不同，目前学术界对此尚未形成统一的意见。

由上文可知，目前国内外关于私募股权投资对公司上市影响的研究主要集中于单时点单个角度，忽略了私募投资对企业IPO前后各个阶段的影响，研究缺乏全面性、系统性。此外，由于突击入股这个概念较为新颖，国内外学者关于这方面的实证研究相对较少，关于突击入股内涵的界定也十分模糊。另外，我们进一步发现国内学者关于私募股权投资对公司上市前后的影响研究较为混乱，即使是同一时间段的数据得到的结果也不尽相同。

在目前研究的基础上，本章从突击入股的角度出发，从私募股权突击入股影响的存在性和差异性两个角度，系统研究上市公司IPO前的盈余管理、IPO首日抑价率和IPO后业绩变脸。

### （二）研究假说的提出

为了深入了解私募股权突击入股行为对企业IPO前后的影响，本章主要从两个角度和两个时间维度多层次地展开探究。所谓两个角度，一是研究与无突击入股投资的企业相比，突击入股行为是否会对持股企业IPO过程的市场表现产生显著影响，即突击入股行为对IPO前后表现影响的存在性问题；二是探究突击入股行为的哪些特征会对所入股公司 IPO 前后的表现产生显著影响，即突击入股行为的投资者特征对企业 IPO 前后的影响程度差异性问题。两个时间维度则是指 IPO 前和 IPO 后两个时间段，通过对企业 IPO 过程的全程控制多方面地了解突击入股行为的影响，其中 IPO 前的影响我们用盈余管理程度来衡量，IPO 后我们分别用 IPO 首日抑价率①和 IPO 后绩效变化来衡量。

1. 突击入股影响的存在性研究

由于目前国内投资者对创业板和中小板走势看好，市场存在着较为明显的“热销”现象。同时，由于私募股权投资在我国的发展历程较短，与国外投资者相比，国内投资者投资方式尚未成熟。为了获得眼前的巨额利润，私募投资者在一定程度上会放弃价值投资的理念，进行 Pre-IPO 形式的短期投资，这就是我们本章中所讨论的突击入股行为。我们认为突击入股行为本身在一定程度上就是一种短期投机行为，投资者的主要目的并不是通过股权投资帮助企业成长进而创造价值。因此，我们认为与传统的私募股权投资相比，突击入股行为并不能起到监督认证作用，即与同类公司相比，其所持股公司的资质并不一定显著较好。

与此同时，目前我国的私募投资机构成立时间较短，与国外私募机构依然存在着较大的差异。因此，作为我国中小板和创业板的重要投资者，国内的 PE 机构有着强烈的建立声誉的动机，即其希望通过尽快帮助入股公司上市实现资金的回收和增值。因此，我们有理由认为突击入股行为会对上公司 IPO 前后的表现产生负面影响。

最后，投资者对创业板和中小板市场的追捧在一定程度上也会造成逆向选择效应，即资质一般甚至较差的企业为了在市场上分一杯羹，会逆向选择非理性的 PE 机构尽早上市，这也会影响突击入股公司的资质。基于此，本章提出以下研究假说 H1。

---

① 尽管 IPO 首日抑价率一定程度上反映了二级市场投资者非理性行为，但这一指标同时也反映了私募股权投资的影响，因此我们在这里沿用了这一领域现有文献的做法（如陈工孟、俞欣和寇祥河，2011）。

**H1** 与无突击入股投资背景的上市公司相比，私募股权突击入股的公司 IPO 前盈余管理程度较高，IPO 首日抑价率较高，IPO 后业绩变脸现象较突出。

2. 不同私募股权突击入股的影响差异性研究

首先，我们研究突击入股的私募股权投资者背景差异对 IPO 前后的影响。我们认为，不同的私募股权投资者其投资理念、运作机制、投资目标等都有所不同，因此突击入股投资者的不同投资背景也会对所持股公司 IPO 前后的表现产生不同的影响。一般而言，外资投资者投资历史较长，投资经验丰富，视野开阔，更加注重价值投资和长久以来建立的投资声誉。因此与民营背景的私募股权投资者相比，外资突击入股投资背景的上市公司资质相对较好。与外资投资者类似，一般而言国有投资机构资金充沛实力雄厚，具有政策优势，在一定程度上更加注重长期投资。因此，我们认为国有背景的突击入股行为也会对所持股公司产生较为正面的影响。然而与外资和国有投资者不同，目前我国国内民营资本背景的私募投资机构质量良莠不齐，与前者相比，不管是成立时间还是投资手段、投资经验等都有较大的差距。此外，民营资本私募投资机构有着较大的竞争压力，因此伴随着市场的“热销”状况，其投资目的更多是通过退出机制尽早实现资金回笼。因此，我们认为与前两类投资者相比，民营背景的突击入股投资者对所持股公司的影响较小或者会在一定程度上产生较为负面的影响。基于上述分析建立研究假说 H2。

**H2** 与民营背景投资者突击入股的公司相比，国有、外资背景突击入股的公司，其 IPO 前盈余管理程度较低，IPO 首日抑价率较低，IPO 后业绩变脸现象较弱。

其次，我们研究突击入股时间差异对 IPO 前后的影响。根据前文分析，我们认为突击入股行为实质上是一种短期的投资行为，投资者入股时间大多集中于企业正式 IPO 前的一段时间内，投资的目的也主要是通过退出机制实现资金回笼和增值。然而，作为一种短期的投机行为，突击入股投资者的入股时间是否会进一步对企业 IPO 前后的表现产生不同的影响？我们猜想，突击入股投资者入股时间越晚，即距离 IPO 时间越短，其对于通过企业上市赚取差价的目的性就越强，通过股权投资对持股公司实现长期价值提升的可能性就越小，因此企业各方面的表现较差。由此建立研究假说 H3。

**H3**　突击入股投资者入股时间较短的企业 IPO 前盈余管理程度较高，IPO 首日抑价率较高，IPO 后业绩变脸现象较突出。

最后，我们研究突击入股投资者持股比例差异的影响。一般而言，突击入股投资者持股比例越高，其可能持股时间越长，这在一定程度上可以反映入股企业资质较好，起到"认证"和"监督"作用。此外，与突击入股投资者持股比例较少的上市公司相比，突击入股投资者持股比例越高，从侧面可以反映其价值投资的可能性较大，因此与前者相比，投资者会较为关注企业的长期发展，通过提供"增值服务"等帮助企业成长。由此提出研究假说 H4。

**H4**　突击入股投资者持股比例较低的企业，其 IPO 前盈余管理程度较高，IPO 首日抑价率较高，IPO 后业绩变脸现象较突出。

## 三、研究设计

### (一) 数据选择

本章选取的研究样本是 2010 年 11 月至 2012 年 5 月在深圳证券交易所中小板和创业板市场首次公开发行的 342 家公司。其中，167 家公司来自于中小企业板，175 家公司来自于创业板市场。由于目前国内中小板市场和创业板市场有较大的相似性，因此在本章中不作区别对待。本章涉及的数据主要分为两个部分：第一部分为上市企业的持股方背景、持股比例、入股时间等，这一部分数据主要用来鉴别是否存在突击入股行为。该数据来自于上市公司的招股说明书，通过手工的方式进行收集整理。第二部分数据主要是上市企业的交易数据、财务数据等，主要作为本章的控制变量，具体说明详见下一部分。这部分数据主要来自国泰安 CSMAR 数据库和锐思金融数据库。

关于突击入股行为的鉴定，我们参考李曜和张子炜(2011)关于判定私募股权投资者的方法，即如果招股说明书上记载的股东主营业务为股权投资，不涉及实体经营，或者出现"有限合伙"等字段，并且投资者与公司的实际控制人或者高管层无任何关联关系的均被认定为私募股权投资者。由于突击入股行为是一种较为特殊的私募股权投资，在本章中我们将突击入股行为的时间限制在 IPO 前 18 个月以内。

具体上市企业 IPO 时私募股权投资与突击入股参与情况如表 7－1 所示。从表 7－1 可以看到，在本次研究涉及的 342 家 IPO 公司中，有 230 家公司存在私募股权投资，88 家公司在上市前存在突击入股行为。其中，在有私募股权投资的上市公司中，总共涉及 675 起私募股权投资，平均每家上市公司有 2.93 笔私募股权投资；在有突击入股的上市公司中，总共有 215 起突击入股投资，平均每家上市公司有 2.44 笔突击入股投资。进一步观察发现，私募股权投资者平均入股时间为 907 天，平均持股比例为 6.65%；相比之下，突击入股投资者平均入股时间为 436 天，平均持股比例为 5.74%。

**表 7－1　样本基本统计分析**

| | 入股上市公司总家数 | 总数量 | 每家上市公司平均入股数 | 平均持股比例 | 平均入股时间（天） |
|---|---|---|---|---|---|
| PE | 230 | 675 | 2.93 | 6.65% | 907 |
| 突击入股 | 88 | 215 | 2.44 | 5.74% | 436 |

### （二）变量定义

为了多层次多阶段地刻画突击入股行为对企业 IPO 前后表现的影响，本章从 IPO 前和 IPO 后两个时间维度进行分析。针对不同的时间段，我们分别选取不同的指标来刻画上市企业 IPO 过程中的表现。在前人研究的基础上，我们选取 IPO 前盈余管理程度、IPO 首日抑价率和 IPO 后平均每股收益增长率和资产收益增长率，分别刻画突击入股对上市公司的影响。关于盈余管理程度的刻画，本章在陈祥有(2010)研究成果的基础上，采用修正的 Jones 模型，以可操作的应计会计盈余(DAC)作为衡量上市企业盈余管理程度的指标。主要指标变量及其含义如表 7－2 所示。

**表 7－2　主要变量说明**

| | 主要变量全称 | 简称 |
|---|---|---|
| 被解释变量 | 样本企业 IPO 前盈余管理程度 | ehat |
| | IPO 时首日抑价率 | UP |
| | IPO 后年平均每股收益增长率 | eps_post |
| | IPO 后 ROA 增长率 | roa_post |
| 解释变量 | 突击入股存在与否 | back |
| | 国有 PE 虚拟变量 | state |
| | 外资 PE 虚拟变量 | foreign |
| | 入股时间虚拟变量 | growth |
| | 持股比例虚拟变量 | share |
| 控制变量 | 前十大股东股权比例 | H10 |
| | 发行规模对数 | lnamount |
| | 中签率 | bidratio |
| | 发行时净资产收益率 | ROE |
| | 首日换手率 | ER |
| | 发行时资产负债率 | DR |
| | IPO 市盈率 | Is_pe |
| | 行业控制变量 | industry |
| | 年度控制变量 | year |

其中，IPO 时首日抑价率 UP 的具体计算公式为：

$$UP=(\text{首日收盘价}-\text{发行价格})/\text{发行价格}$$

UP 越大，表明上市企业 IPO 时的抑价程度越高。

IPO 后 ROA 变化率 roa_post，即企业上市一年后 ROA 相对于上市当年 ROA 的变化幅度，具体公式表达为：

$$roa\_post=(\text{上市一年之后 ROA}-\text{上市当年 ROA})/\text{上市当年 ROA}$$

其中，roa_post 数值越大，表明上市企业 IPO 后业绩表现越好，反之则越差。

此外，引入行业和年度控制变量，行业控制变量的划分以所属证监会行业类别为基础，制造业按二级分类，其他行业按一级分类。在本章研究所涉及的上市公司中，共包含 10 个行业，因此我们以综合业为基础，设 9 个哑变量。年度控制变量的划分以企业上市年度为基础，本次样本周期总共涉及三个年度，因此以 2012 年度为基础，设置两个哑变量。

### （三）模型设定

本章中，我们主要采用秩和检验——Mann-Whitney 非参数检验和多元线性回归两种方法。其中秩和检验主要是检验分组样本的均值是否存在显著性差异，进而从整体的角度初步探究突击入股行为的影响。多元线性回归则是通过引入多种控制变量等较为精确地测度其影响程度。

1. 突击入股影响存在性研究

在正式建立理论模型之前，我们首先对 IPO 前企业可操作的利润空间，即盈余管理程度进行度量。本章选用的模型为修正的 Jones 方程来衡量，具体模型构造如公式(7－1)所示：

$$AS_t/AS_{t-1}=\beta_0/AS_{t-1}+\beta_1(\Delta REV_t-\Delta AR_t)/AS_{t-1}+\beta_2 FA_t/AS_{t-1}+\varepsilon_t \tag{7-1}$$

其中，模型的时间参考点为企业上市年度 $t$，$t-1$ 则代表上市前一年度。因此，$AS_t$、$AS_{t-1}$ 分别代表样本公司上市年度和上市前一年度的总资产，$\Delta REV_t$、$\Delta AR_t$、$FA_t$ 则分别表示上市年度收入的变化、应收账款的变化、固定资产原值的变化。回归方程的残差项 $\varepsilon_t$，即为企业 IPO 前的盈余管理程度，为表述方便，更名为变量 ehat。

解决完被解释变量的具体操作问题，接来下针对前文提出的四大研究假说分别构造理论模型，具体如下。

为研究假说 H1 提出的突击入股行为对上市公司 IPO 前盈余管理程度的影响，我们建立如下模型：

$$\begin{aligned} ehat=&\beta_0+\beta_1 back+\beta_2 H10+\beta_3 Is\_pe+\beta_4 lnamount+\beta_5 bidratio+\\ &\beta_6 ROE+\beta_7 DR+\beta_8 ER+\beta_9 industry+\beta_{10} year+\varepsilon \end{aligned} \tag{7-2}$$

为了解突击入股行为对上市公司 IPO 时首日抑价程度的影响，基于假说 H1 建立如下模型：

$$UP=\beta_0+\beta_1 back+\beta_2 H10+\beta_3 Is\_pe+\beta_4 lnamount+\beta_5 bidratio+$$

$$\beta_6 ROE+\beta_7 DR+\beta_8 ER+\beta_9 industry+\beta_{10} year+\varepsilon \qquad (7-3)$$

为了解突击入股行为对上市公司 IPO 后长期业绩表现的影响，基于假说 H1 选取 IPO 后年平均每股收益增长率（eps_post）为被解释变量建立模型：

$$eps\_post=\beta_0+\beta_1 back+\beta_2 H10+\beta_3 Is\_pe+\beta_4 lnamount+\beta_5 bidratio+$$
$$\beta_6 ROE+\beta_7 DR+\beta_8 ER+\beta_9 industry+\beta_{10} year+\varepsilon \qquad (7-4)$$

选取 IPO 后 ROA 增长率（roa_post）为被解释变量，将上述模型的被解释变量更换为 roa_post。

2. 不同投资特征的影响差异研究

(1) 私募股权投资者背景

根据上文分析，我们猜想民营背景的突击入股行为对上市企业 IPO 前后产生的影响与国有背景和外资背景带来的影响方向相反。因此，将民营性质的突击入股投资者定义为参考基础，引入 foreign 和 state 两个虚拟变量。其中，若投资者为国有性质，变量 $state=1$，否则为 0；若为外资性质，则变量 $foreign=1$，否则为 0。因此，在假说 H2 基础上建立模型，其中 IPO 前模型如下所示：

$$ehat=\beta_0+\beta_1 state+\beta_2 foreign+\beta_3 H10+\beta_4 Is\_pe+\beta_5 lnamount+$$
$$\beta_6 bidratio+\beta_7 ROE+\beta_8 DR+\beta_9 ER+\beta_{10} industry+\beta_{11} year+\varepsilon_i$$
$$(7-5)$$

在 IPO 时及 IPO 后模型中对被解释变量进行相应调整，分别对应变量 UP、eps_post 和 roa_post 建立模型。

(2) 入股时间

为简化分析，本章选取一个时间点作为参考点，将存在突击入股投资的公司划分成两个部分，一部分为突击入股时间较早的公司，一部分为入股较晚的公司。具体操作为：基于前文对突击入股时间的定义，本部分将入股时间 12 个月作为划分的依据，倘若上市公司突击入股投资者的平均入股时间在此之前，即判定为入股时间较早，变量 $growth=1$，否则为 0。基于此，我们在研究假说 H3 基础上建立模型，其中 IPO 前的模型如下所示：

$$ehat=\beta_0+\beta_1 growth+\beta_2 H10+\beta_3 Is\_pe+\beta_4 lnamount+\beta_5 bidratio+\beta_6 ROE+\beta_7 DR+\beta_8 ER+\beta_9 industry+\beta_{10} year+\varepsilon_t \quad (7-6)$$

在IPO时及IPO后模型中对被解释变量进行相应调整，分别对应变量UP、eps_post和roa_post建立模型。

(3) 持股比例

为简化研究，选取一定的持股比例作为标准，将存在突击入股投资的公司分为两类，持股比例超过标准值的为持股较多者，反之则为持股较少者。由上文可知突击入股投资者的平均持股比例为5.74%，结合已有相关文献，选择10%作为临界值，突击入股投资者持股比例多于10%，则变量*share*=1，否则为0。基于此，在假说H4的基础上建立模型，其中IPO前如下所示：

$$ehat=\beta_0+\beta_1 share+\beta_2 H10+\beta_3 Is\_pe+\beta_4 lnamount+\beta_5 bidratio+\beta_6 ROE+\beta_7 DR+\beta_8 ER+\beta_9 industry+\beta_{10} year+\varepsilon_t \quad (7-7)$$

在IPO时及IPO后模型中对被解释变量进行相应调整，分别对应变量UP、eps_post和roa_post建立模型。

## 四、实证结果与分析

### (一) 描述性统计分析

在进行多元回归之前，我们要首先了解一下选取的主要变量的基本情况，以确定变量的分布是否能够支持进行下一步的回归分析。以下就是本章涉及的被解释变量、解释变量和主要控制变量的描述性统计结果。

**表7-3 主要变量的描述性统计结果**

| 变量 | 观测值 | 均值 | 标准差 | 最大值 | 最小值 | 中位数 |
|---|---|---|---|---|---|---|
| *ehat* | 342 | 0.28 | 0.61 | 2.51 | −3.03 | 0.33 |
| *UP* | 342 | 0.25 | 0.32 | 1.99 | −0.26 | 0.17 |
| *eps_post* | 342 | −17.65 | 32.16 | 72.97 | −219.1 | −16.30 |
| *roa_post* | 342 | −0.39 | 0.27 | 0.29 | −2.44 | −0.38 |
| *back* | 342 | 0.26 | 0.44 | 1.00 | 0.00 | 0.00 |
| *state* | 88 | 0.14 | 0.35 | 1.00 | 0.00 | 0.00 |

**续 表**

| 变量 | 观测值 | 均值 | 标准差 | 最大值 | 最小值 | 中位数 |
|---|---|---|---|---|---|---|
| *foreign* | 88 | 0.05 | 0.22 | 1.00 | 0.00 | 0.00 |
| *growth* | 88 | 0.05 | 0.22 | 1.00 | 0.00 | 0.00 |
| *share* | 88 | 0.51 | 0.50 | 1.00 | 0.00 | 1.00 |
| *H*10 | 342 | 76.27 | 11.37 | 100 | 35.47 | 75.74 |
| *lnamount* | 342 | 11.04 | 0.57 | 13.06 | 9.75 | 11.00 |
| *bidratio* | 342 | 1.72 | 4.05 | 65.52 | 0.21 | 0.92 |
| *ROE* | 342 | 0.12 | 0.08 | 0.55 | 0.01 | 0.09 |
| *ER* | 342 | 0.68 | 0.23 | 0.96 | 0.18 | 0.78 |
| *DR* | 342 | 0.24 | 0.17 | 0.82 | 0.02 | 0.20 |
| *Is_pe* | 342 | 54.61 | 27.11 | 189.65 | 13.2 | 48.16 |

由表 7 - 3 各主要变量的描述性统计结果可知，可操作会计利润空间 ehat 的均值和中位数均为正数，ehat 数值越大，则代表企业 IPO 前盈余管理的程度越大。因此，根据表 7 - 3 统计结果，我们认为上市企业在 IPO 之前均进行了一定程度的盈余管理，即在我国中小板和创业板市场上，上市企业在正式 IPO 之前都有粉饰利润的倾向。

根据前文分析，首日抑价率 UP 数值越大，则企业 IPO 时抑价程度越高。从表 7 - 3 可以看到，首日抑价率 UP 的均值和中位数均为正值，表明在本章选用的样本中，上市企业在首次公开发行时大多为折价发行，即我国中小板和创业板市场上存在普遍的抑价发行的现象，这与我国目前的情况一致。IPO 后每股收益增长率 eps_post 和 IPO 后 ROA 增长率 roa_post 数值越大，代表企业 IPO 后长期业绩表现越好。由表 7 - 3 可知，eps_post 和 roa_post 的均值和中位数均为负值，表明在本样本中，企业上市之后业绩均有所下滑，即在我国中小板和创业板市场上存在较为普遍的上市后业绩变脸的情况。我们认为，造成上述结果的原因是目前我国资本市场尚未成熟，投资者非理性，市场上存在着"热销"现象。因此，不管是普通的私募股权投资者还是突击入股投资者，其投资行为均会对上市企业 IPO 前后的表现造成较为负面的影响，具体体现为在 IPO 前进行利润粉饰，IPO 时抑价发行，IPO 后出现业绩反转。

## (二) Mann-Whitney 非参数检验

Mann-Whitney 检验又叫作秩和检验，通常用来检验没有配对的两个独立样本的均值是否存在显著性差异。基于前文的研究思路，不难发现，Mann-Whitney 非参数检验非常适合用来对突击入股行为与上市企业 IPO 前后表现之间关系进行初步研究。

针对突击入股行为影响的存在性研究，本章将初始样本分为存在突击入股行为的上市企业和不存在突击入股行为的上市企业，通过检验两组样本的均值是否存在显著差异，进而判断突击入股行为是否会对企业上市前后的表现造成影响。Mann-Whitney 非参数检验结果如表 7－4 所示。由表 7－4 可知，较不存在突击入股投资的上市企业相比，突击入股行为对企业 IPO 前的盈余管理程度和 IPO 时的首日抑价率无显著影响，存在突击入股投资的公司 IPO 后平均每股收益增长率 eps_post 和 ROA 增长率 roa_post 显著降低，即突击入股对企业 IPO 后的长期业绩表现产生显著负面影响，企业 IPO 后上市公司绩效显著变差。

**表 7－4　突击入股行为影响存在性研究单变量估计**

| 因变量 | *ehat* | *UP* | *eps_post* | *roa_post* |
|---|---|---|---|---|
| Mann-Whitney 检验 | −1.19<br>(0.116 9) | −0.72<br>(0.235 6) | −1.29*<br>(0.099 4) | −1.97**<br>(0.024 5) |

注：* $p<0.1$，** $p<0.05$，*** $p<0.001$；表中括号内为 p 值。

## (三) 多元回归分析

基于前文研究结果，我们对突击入股行为与上市企业 IPO 前后表现的关系有了初步的认识，总体说来得到的结果还是令人满意的。由于上述分析较为粗糙，为了进一步探究突击入股行为对上市企业 IPO 前后的影响及其可能的影响程度，基于前文的研究思路，本部分主要从存在性和影响差异两个角度进行多元线性回归。

1. 突击入股影响存在性研究

按照前文提出的研究假说和理论模型，在这一部分对本章选用的中小板和创业板市场上 342 家企业数据进行了多元线性回归，具体结果如表 7-5 所示。

**表 7-5　突击入股影响存在性研究多变量估计结果**

| 模型 | ehat | UP | eps_post | roa_post |
|---|---|---|---|---|
| *back* | −0.057 49<br>(−1.17) | −0.015 14<br>(−0.52) | −8.606 00**<br>(−2.23) | −0.091 38**<br>(−2.77) |
| *H*10 | −0.006 34**<br>(−2.59) | −0.001 44<br>(−0.99) | −0.167 92<br>(−0.87) | −0.002 00<br>(−1.22) |
| *Is_pe* | −0.001 47<br>(−1.28) | 0.004 42***<br>(6.96) | 0.327 80***<br>(3.87) | 0.001 63**<br>(2.26) |
| *lnamount* | 0.779 41***<br>(15.88) | −0.140 26***<br>(−5.03) | 2.228 19<br>(0.60) | −0.016 27<br>(−0.51) |
| *bidratio* | −0.010 38*<br>(−1.88) | 0.003 54<br>(1.09) | 0.557 08<br>(1.29) | 0.000 554 50<br>(0.15) |
| *ROE* | 0.516 07<br>(1.41) | −0.351 57<br>(−1.64) | 88.483 56**<br>(3.09) | 0.035 59<br>(0.15) |
| *DR* | 0.957 04***<br>(6.66) | 0.045 84<br>(0.54) | −35.222 2**<br>(−3.14) | −0.029 15<br>(−0.30) |
| *ER* | 0.019 52<br>(0.15) | 0.670 53***<br>(10.28) | −10.081 58<br>(−1.16) | −0.027 98<br>(−0.38) |
| *industry* | 控制 | 控制 | 控制 | 控制 |
| *year* | 控制 | 控制 | 控制 | 控制 |
| *_cons* | −7.896 64***<br>(−13.33) | 1.369 27***<br>(4.39) | −38.700 24<br>(−0.34) | −0.120 52<br>(−0.66) |
| *N* | 342 | 342 | 342 | 342 |

注：* $p<0.1$，** $p<0.05$，*** $p<0.001$；表中括号内代表的是 t 值。

从表 7-5 可以看到，突击入股行为对我国中小板和创业板市场上市公司 IPO 前盈余管理程度无显著影响。李玉华和葛翔宇(2013)，张子炜、李曜和徐莉(2012)研究均表明成熟期“突击入股”的企业与普通私募投资的企业相比，IPO 前盈余管理程度较高，这与我们的研究结论有所不同。我们认为这主要是由于选取的对比样本不同造成的，本章的参考组为不存在突击入股投资的上市企业，而上述学者选取的是私募资本投资的企业。笔者认为这一方面可能是由于较普通私募股权投资者等而言，突击入股投资者的入股时间相对较晚，对企业进行盈余管理的帮助较少；另一方面可能是由于我国创业板和中小板的独特性，中小企业为尽早上市，可能存在普遍的盈余管理行为，因而突击入股投资者的加入对其影响不十分显著。此外，由于中国资本市场存在着较大的不确定性，投资者入股时间越早，其面临的投资企业业绩下滑的风险越大，为了尽快变现早期的投资，投资者有强烈的动机去默许甚至支持公司进行盈余管理。而在成熟期的突击入股投资者对企业的盈利质量较为看好，而且较短的投资等待期使得拟上市企业盈利下滑的风险有所下降，因而突击入股投资者对企业 IPO 前进行盈余管理的冲动较小，即突击入股的投资行为对拟上市企业 IPO 前的盈余管理程度影响不大。

此外，从表 7－5 我们可以发现，发行规模、发行时资产负债率、中签率、前十大股东持股比例均对企业 IPO 前的盈余管理程度产生显著影响。其中，发行规模、发行时资产负债率会显著提高企业 IPO 前的盈余管理程度。发行规模和发行时资产负债率越大，企业的财务风险、上市风险则越大，因此企业更加倾向于通过粉饰利润尽早上市。与之相反，中签率和前十大股东持股比例则会显著降低企业 IPO 前的盈余管理程度。中签率、前十大股东持股比例越低，代表企业投资价值越高，投资者对该上市企业较为看好，企业的盈余管理程度较小。

我们进一步分析对 IPO 首日抑价率的影响。根据表 7－5 多元回归结果，突击入股行为对我国中小板和创业板市场上市企业 IPO 时首日抑价率无显著影响。与不存在突击入股投资的企业相比，突击入股投资的加入不会显著提高或降低企业 IPO 时的抑价程度，即突击入股投资者的加入并不能起到“监督”和“认证”作用，不能降低创业板和中小板企业与投资者之间的信息不对称程度，也并没有抑制我国创业板和中小板市场存在的较高的投资炒作现象。

我们认为这可能由以下几个原因造成。首先，突击入股行为归根结底是一个短期的投机行为，投资者入股时间较短，紧邻企业 IPO 之际。因此，突击入股投资者对企业的日常管理的帮助都是微乎其微的，即它并不能像一些私募股权投资者一样为企业提供“增值服务”，帮助企业改善日常管理。

因此，突击入股行为对入股企业 IPO 的首日抑价程度无显著影响。在笔者看来，首日抑价程度是企业 IPO 前期所做工作的一个反馈结果，而突击入股投资者对企业 IPO 之前管理无显著帮助，因而其也无法显著改变企业首日抑价程度。其次，目前我国中小板和创业板上企业 IPO 时存在着普遍的高抑价率现象，这也可能是造成突击入股行为对企业 IPO 时首日抑价率无显著影响的一大原因。最后，笔者认为从突击入股投资者的行为动机角度考虑，其主要的目的可能仅是希望凭借其信息优势，通过退出机制在市场上分一杯羹，因而对首日抑价率无显著影响。

此外，从表 7－5 可知，发行时市盈率、发行规模、首日换手率对企业 IPO 的首日抑价率有显著影响。其中发行时市盈率以及首日换手率的增大会显著提高企业 IPO 时的抑价程度。发行时市盈率越高，投资价值越低，投资风险越大，上市企业企图通过高抑价率获得投资者关注。首日换手率越高，股票流动性越大，越受投资者追捧，首日抑价程度较高。与之相反，发行规模则显著降低企业 IPO 时的抑价程度。企业发行规模越大，从侧面反映企业较为成熟，资质较好，因而首日抑价率显著较低。

最后我们分析对 IPO 后长期表现的影响。由表 7－5 可知，突击入股行为对我国中小板和创业板市场上市企业 IPO 后的长期业绩表现具有显著影响。与不存在突击入股投资者的上市企业相比，突击入股投资者入股的企业 IPO 后长期业绩表现显著较差，具体表现为企业 IPO 后每股收益增长率和 ROA 增长率显著降低。我们认为造成这个结果的原因可能有以下几种。首先，按照前文的思路，突击入股行为实际上是一种短期的投机行为，其投资者更加关注的是短期的高额回报，因此突击入股的投资者相对于入股企业的长期发展，可能更加倾向于通过退出机制获得高额溢价，实现资金的回笼和增值。而且目前国内不少学者均认为突击入股式的投资对企业发展和市场建设帮助不大。因而，与普通的私募股权投资者相比，突击入股投资者对企业的长期发展并不关注，不会如同普通 PE 一样为企业提供增值服务，帮助企业成长，创造价值，所以长期业绩表现显著较差。此外，从上市企业的角度考虑，上市企业为何要在 IPO 前引入突击入股投资者呢？笔者认为这其中很大一部分原因是希望借助突击入股投资者加快 IPO 进程，提早上市，所以有理由认为与不存在突击入股投资的企业相比，有突击入股投资者持股的企业在IPO早期资质表现较差，只是由于市场上普遍存在IPO前利润粉饰和IPO时折价发行的现象因而被掩盖过去，即逆向选择问题。随着上市日久，早期埋下的隐患渐渐显露出来，即表现为突击入股投资者持股的企业在IPO后业绩表现显著较差。因此，我们认为投资者突击入股行为是加剧我国中小板和创业板企业业绩变脸的重大原因之一。

综合来看，现阶段我国中小板和创业板市场上的投资者突击入股行为对企业并不能起到“监督”和“认证”的作用。虽然其并不会对企业IPO前的盈余管理程度和IPO时的抑价程度造成显著的影响，但存在突击入股行为的上市企业IPO后长期业绩表现显著较差。我们认为这主要是由于目前的市场特性以及突击入股本身作为一个短期的投机行为等因素共同作用下造成的。总体看来，突击入股行为对我国目前创业板和中小板市场企业IPO前后的影响是较为负面的，其具体的不同投资特征的影响差异还待进一步探究。

2. 不同投资特征的影响差异性研究

在前文的研究中，我们总共得到了88家存在突击入股投资的上市企业。在这一部分主要按照前文提出的研究假说和理论模型，对突击入股投资者不同投资特征对上市企业IPO业绩影响差异进行多元线性回归，具体分析及结果如下。

(1) 投资背景差异的影响

为检验研究假说H2，我们对state、foreign两个自变量进行多元回归，具体结果如表7-6所示。在本章选取的88家存在突击入股投资者的上市企业中，11家企业获得了国有背景的突击入股投资者的入股，9家公司的突击入股投资者为外资背景，其余为民营背景。从表7-6可以看到，突击入股投资者的背景不同，对上市企业IPO前后的表现的影响也有一定的差异，具体表现为：较民营背景的突击入股投资者，国有资本背景的突击入股投资者其入股行为显著提高了企业IPO前的盈余管理程度，而两者对企业IPO时抑价程度和IPO后的长期业绩表现的影响无显著差异。在本章样本中，外资背景的入股方对企业IPO前后的影响与民营资本的入股方的影响无显著差异，这与假说 H2 不尽相同，因此拒绝 H2。其可能的原因是与民营背景突击入股投资者相比，国有背景的突击入股投资者资金雄厚，具有一定的专业度，拥有政策和信息优势。因此上市企业可能逆向选择国有背景的突击入股投资者，在 IPO 前进行利润粉饰以尽早上市。因此，突击入股投资者为国有背景的企业其 IPO 前盈余管理程度较高。

**表 7－6　突击入股投资者背景对 IPO 前后影响**

| 模型 | *ehat* | *UP* | *eps_post* | *roa_post* |
|---|---|---|---|---|
| *state* | 0.358 53** | −0.006 74 | −2.887 58 | −0.019 61 |
| | (2.51) | (−0.08) | (−0.30) | (−0.18) |
| *foreign* | 0.267 61 | −0.005 19 | 6.334 22 | 0.084 69 |
| | (1.73) | (−0.06) | (0.62) | (0.70) |
| *H*10 | −0.016 54** | 0.003 24 | −0.082 54 | −0.007 45 |
| | (−2.63) | (0.92) | (−0.20) | (−1.53) |
| *Is_pe* | −0.007 78** | 0.004 13** | 0.274 52* | 0.000 82 |
| | (−3.24) | (3.24) | (1.83) | (0.47) |
| *lnamount* | 0.835 76*** | −0.132 97** | −5.226 90 | −0.017 47 |
| | (8.30) | (−2.42) | (−0.81) | (−0.23) |
| *bidratio* | −0.012 12* | 0.004 59 | −0.055 17 | −0.004 71 |
| | (−1.77) | (1.20) | (−0.12) | (−0.89) |
| *ROE* | −0.123 35 | −1.175 71** | 6.317 35 | 1.141 13 |
| | (−0.13) | (−2.30) | (0.11) | (1.62) |
| *DR* | 1.073 24** | 0.177 13 | −14.154 29 | −0.355 76 |
| | (3.20) | (0.94) | (−0.64) | (−1.36) |
| *ER* | −0.147 97 | 0.706 05*** | −28.891 77* | −0.077 08 |
| | (−0.52) | (5.04) | (−1.76) | (−0.40) |
| *industry* | 控制 | 控制 | 控制 | 控制 |
| *year* | 控制 | 控制 | 控制 | 控制 |
| *_cons* | −7.360 39*** | 0.934 65 | 51.111 81 | 0.184 00 |
| | (−5.78) | (1.31) | (0.00) | (−0.19) |

注：* $p<0.1$，** $p<0.05$，*** $p<0.001$；表中括号内代表的是 t 值。

由表 7－6 中结果可知，与民营背景相比，国有背景的投资者对企业 IPO 时抑价程度和 IPO 后的业绩表现的影响无显著差异，这主要是由于目前国内市场上普遍存在发行高抑价的现象。外资背景的投资者对企业上市前后的影响与民营背景相比无显著差异，可能是由于虽然外资背景的投资者专业化程度高，投资经验丰富，但与民营资本相比缺乏灵活性、本土优势和政策优势等。此外，由表7-6可以看到，在本章选取的样本中仅存在9起外资突击入股投资，数据量较小，这在一定程度上也会造成较大的偏差。进一步可以发现，在本部分实证中，样本的交叉重复性较大，即一家企业中存在多种背景的突击入股投资者。按照李玉华和葛翔宇(2013)的观点，突击入股投资者的背景界定也存在较大的误差，即有些投资者可能开始的时候为国有背景，而后经过股改或者融资之后变为民营或者中外合资的背景。在这种情况下，投资者的背景难以进行清晰的判断。上述原因都可能造成结果偏离我们之前的预期。

(2) 入股时间

针对研究假说H3，我们进一步对growth变量进行多元线性回归，具体回归结果如表7-7所示。在前文假设中，我们人为地将存在突击入股投资者的企业划分为两类：突击入股投资者平均入股时间在12个月以内的为入股时间较晚的企业，平均入股时间超过12个月的归入入股较早。在这个标准下，88个存在突击入股投资者的上市企业中出现14个入股时间较晚的企业。然而表7-7的统计结果显示，突击入股投资者的入股时间长短对上市企业IPO前后的表现好坏没有显著影响，具体表现为入股时间较早的突击入股行为对上市企业IPO前盈余管理程度、IPO时首日抑价率、IPO后业绩表现的影响，与突击入股时间较晚相比，无显著差异，故拒绝假说H3。

其可能存在的原因是先前学者对入股时间进行区分主要是为了分辨普通私募投资者和突击入股投资者，而这是本章的研究前提。突击入股行为本身作为一个特殊的私募股权投资，其入股时间本来就比较短，因此再对突击入股投资者的入股时间进行划分意义就不大了。此外，由上文可知，在本次样本中只有14家企业被判定为存在入股时间较长的突击入股投资者，样本量较小，得出的结果不甚准确。因此，突击入股投资者的入股时间不同，对上市企业IPO前后的影响并无显著差异。

**表 7-7　突击入股投资者入股时间对企业 IPO 影响**

| 模型 | *ehat* | *UP* | *eps_post* | *roa_post* |
|---|---|---|---|---|
| *growth* | 0.081 34<br>(0.61) | 0.025 44<br>(0.36) | 3.848 26<br>(0.46) | −0.014 73<br>(−0.15) |
| *H*10 | −0.018 22**<br>(−2.82) | 0.003 44<br>(0.99) | −0.007 05<br>(−0.02) | −0.007 01<br>(−1.46) |
| *Is_pe* | −0.005 85**<br>(−2.35) | 0.004 19**<br>(3.34) | 0.294 30**<br>(1.99) | 0.000 898<br>(0.52) |
| *lnamount* | 0.829 23***<br>(7.89) | −0.131 86**<br>(−2.41) | −5.223 96<br>(−0.81) | −0.020 01<br>(−0.26) |
| *bidratio* | −0.012 24*<br>(−1.71) | 0.004 70<br>(1.23) | −0.056 98<br>(−0.13) | −0.004 97<br>(−0.94) |
| *ROE* | 0.136 00<br>(0.14) | −1.201 73**<br>(−2.37) | 0.988 48<br>(0.02) | 1.138 34<br>(1.63) |
| *DR* | 1.117 67**<br>(3.23) | 0.174 08<br>(0.94) | −17.045 91<br>(−0.78) | −0.382 60<br>(−1.49) |
| *ER* | −0.308 30<br>(−1.06) | 0.710 26***<br>(5.32) | −30.649 99*<br>(−1.95) | −0.106 61<br>(−0.58) |
| *industry* | 控制 | 控制 | 控制 | 控制 |
| *year* | 控制 | 控制 | 控制 | 控制 |
| *_cons* | −7.138 41***<br>(−5.36) | 0.908 78<br>(1.28) | 47.961 05<br>(0.57) | 0.206 50<br>(0.21) |

注：* $p<0.1$，** $p<0.05$，*** $p<0.001$；表中括号内代表的是 t 值。

(3) 持股比例

针对研究假说 H4，我们对 share 变量进行多元回归，具体回归结果如表 7-8 所示。在前文假设中，我们人为地将突击入股投资者持股的企业分为两类：突击入股投资者持股比例超过 10%的为持股比例较多者，低于 10%的为持股比例较低者。在此基础上，在 88 家存在突击入股投资者的上市企业中得到 44 家突击入股投资者持股比例较多的公司。从表 7-8 可以看到，突击入股投资者的持股比例的差异对上市企业 IPO 前后的影响差异并不十分显著。具体表现为：持股比例较多的突击入股投资者对上市企业 IPO 前盈余管理程度、IPO 时首日抑价率和 IPO 后平均每股收益增长率产生的影响，与持股比例较低的突击入股投资者相比，无显著差异；突击入股投资者持股比例较多的企业 IPO 后的 ROA 增长率与持股比例较少的企业相比，有显著差异，持股比例下降，则 ROA 增长率显著降低。

**表 7-8　突击入股投资者持股比例对企业 IPO 影响**

| 模型 | *ehat* | *UP* | *eps_post* | *roa_post* |
|---|---|---|---|---|
| *share* | 0.108 37<br>(1.14) | 0.026 76<br>(0.52) | 6.897 03<br>(1.15) | 0.142 40*<br>(1.85) |
| *H*10 | −0.019 74**<br>(−3.07) | 0.003 02<br>(0.87) | −0.098 00<br>(−0.24) | −0.005 78<br>(−1.11) |
| *Is_pe* | −0.006 38**<br>(−2.62) | 0.004 04**<br>(3.27) | 0.263 47*<br>(1.83) | 0.001 59<br>(0.86) |
| *lnamount* | 0.834 83***<br>(7.98) | −0.130 38**<br>(−2.38) | −4.739 85<br>(−0.74) | −0.003 17<br>(−0.04) |
| *bidratio* | −0.013 38*<br>(−1.88) | 0.004 38<br>(1.15) | −0.127 37<br>(−0.28) | −0.007 62<br>(−1.33) |
| *ROE* | 0.420 30<br>(0.43) | −1.124 73*<br>(−2.19) | 18.740 22<br>(0.31) | 1.585 48**<br>(2.05) |
| *DR* | 1.079 80**<br>(3.12) | 0.164 79<br>(0.88) | −19.674 94<br>(−0.90) | −0.583 79**<br>(−2.09) |
| *ER* | −0.250 99<br>(−0.85) | 0.722 62***<br>(5.32) | −27.365 95*<br>(−1.73) | −0.156 46<br>(−0.77) |
| *industry* | 控制 | 控制 | 控制 | 控制 |
| *year* | 控制 | 控制 | 控制 | 控制 |
| *_cons* | −7.164 31***<br>(−5.42) | 0.904 64<br>(1.28) | 44.696 33<br>(0.54) | −0.089 13<br>(−0.34) |

注：* $p<0.1$，** $p<0.05$，*** $p<0.001$；表中括号内代表的是 t 值。

由表 7-8 可知，虚拟变量 share 对 roa_post 的回归系数在 10%的置信水平下显著，share 与 roa_post 呈正向关系，即突击入股投资者持股比例越高，入股公司 IPO 后的长期业绩表现越好。其可能的原因是突击入股投资者持股比例越高，其相应的投资风险也越大，由于目前证券市场上锁定期的限制，出于降低投资风险、保障收益的考虑，较持股比例较低的投资相比，持股比例较高的投资者有较强的动机参与入股公司的日常管理，通过提供增值服务等帮助公司成长，创造价值。此外，突击入股投资者在企业 IPO 之前大量入股，从侧面反映出所入股公司资质较好，即起到一个监督和认证的作用，因而较突击入股投资者持股比例较小的企业，其 IPO 后业绩表现较好。

### (四) 稳健性检验

在前文，我们通过多元线性回归具体探究了上市企业 IPO 前投资者突击入股行为对企业上市前后的影响，总体而言，得到的结果还是令人满意的。在这个部分我们将重点进行稳健性检验，检验突击入股行为对 IPO 前后的影响是否具有稳健性。

在上述研究中，我们默认上市企业与突击入股投资者之间不存在自选择和内生性问题。然而，研究表明，突击入股投资者入股上市企业，上市企业接受突击入股投资者，不是随机形成的，而是一个相互选择的关系。因而，研究样本的内生性问题不容忽视。为了结果的有效性和可靠性，我们首先要控制样本的内生性问题。在这里，我们借鉴前人的经验，采用工具变量两阶段回归进行处理。

首先，我们在第一阶段进行 Probit 回归，具体模型如公式(7-8)。

$$\begin{aligned} Pr(back=1)=\ &\alpha_0+\alpha_1 H10+\alpha_2 Is\_pe+\alpha_3 lnamount+\alpha_4 bidratio+\\ &\alpha_5 ROE+\alpha_6 DR+\alpha_7 ER+\alpha_8 location+\alpha_9 history+\\ &\alpha_{10} invest+\alpha_{11} turnover+\alpha_{12} ROA1+\alpha_{13} DB1+\\ &\alpha_{14} industry+\alpha_{15} year+e \end{aligned} \tag{7-8}$$

其中，H10、Is_pe、lnamount、bidratio、ROE、DR、ER、industry、year 为上文采用的控制变量，back 为被解释变量，location、history、invest、turnover、ROA1 和 DB1 为本阶段选取的工具变量。具体而言，location 为地域虚拟变量，已有研究发现私募股权投资具有“地域集聚”效应。因此，如果上市企业的注册地点在北京、上海、江苏、浙江和广东五个省市内，则 location 为 1，否则为 0。由于企业的资金需求与企业的成立时间有关，成立时间越短，资金需求越大，因此我们选取了 history 工具变量。history 为企业上市时的成立时间。ROA1 为企业上市前一年的资产收益率，用来检验上市企业在选择突击入股投资者时是否存在逆向选择问题。invest、turnover 和 DB1 分别代表企业上市前一年的投资活动产生的现金流量、总资产周转率和资产负债率，主要用来判断企业上市前的资金需求状况。

其次，在第二阶段我们进行多元线性回归，具体模型如公式(7-9)。

$$ehat=\beta_0+\beta_1\widehat{back}+\beta_2 H10+\beta_3 Is\_pe+\beta_4 lnamount+\beta_5 bidratio+\beta_6 ROE+\beta_7 DR+\beta_8 ER+\beta_9 UP+\beta_{10} industry+\beta_{11} year+\varepsilon \quad (7-9)$$

其中，$\widehat{back}$为第一阶段 Probit 回归得到的预测值。针对突击入股行为对 IPO 时和 IPO 后的业绩影响，将上述模型的被解释变量分别转换为 UP、eps_post 和 roa_post 进行检验。

在上述模型的基础上，对样本进行回归检验，具体回归结果如表 7-9 所示。

**表 7-9　工具变量两阶段回归(控制内生性)**

| 模型 | 第一阶段<br>Probit 回归 | 第二阶段<br>OLS 回归 | | | |
|---|---|---|---|---|---|
| 变量 | *back* | *ehat* | *UP* | *eps_post* | *roa_post* |
| *back* | | −0.081 24<br>(−0.98) | −0.007 98<br>(−0.16) | −1.077 07*<br>(−1.94) | −0.094 75*<br>(−1.69) |
| *H10* | 0.018 1*<br>(3.180 0) | −0.004 84<br>(−1.59) | −0.001 33<br>(−0.75) | −0.009 71<br>(−0.48) | −0.000 369<br>(−0.18) |
| *Is_pe* | 0.007 49*<br>(3.650 9) | −0.001 05<br>(−0.83) | 0.004 45***<br>(6.29) | 0.011 06<br>(1.38) | 0.002 10**<br>(2.59) |
| *lnamount* | −0.149 1<br>(0.682 1) | 0.768 46***<br>(15.17) | −0.141 23***<br>(−4.90) | −0.855 65**<br>(−2.62) | −0.029 06<br>(−0.88) |
| *bidratio* | 0.025 0<br>(1.371 8) | −0.009 01<br>(−1.55) | 0.003 59<br>(1.05) | 0.033 77<br>(0.87) | 0.001 96<br>(0.50) |
| *ROE* | −3.484 2**<br>(4.825 6) | 0.412 63<br>(1.05) | −0.354 77<br>(−1.53) | 6.203 35**<br>(2.36) | −0.067 92<br>(−0.26) |
| *DR* | −0.266 8<br>(0.110 6) | 0.842 93***<br>(4.43) | 0.036 01<br>(0.32) | −2.979 14**<br>(−2.34) | −0.158 62<br>(−1.23) |
| *ER* | −0.465 7<br>(1.348 1) | −0.015 74<br>(−0.12) | 0.668 81***<br>(9.54) | −1.671 91**<br>(−2.10) | −0.063 19<br>(−0.79) |
| *location* | −0.182 4<br>(1.426 4) | | | | |
| *history* | −0.134 4<br>(0.985 2) | | | | |
| invest | 2.02E-10<br>(0.144 4) | | | | |

**续　表**

| 模型 | 第一阶段<br>Probit 回归 | | 第二阶段<br>OLS 回归 | | |
|---|---|---|---|---|---|
| 变量 | *back* | *ehat* | *UP* | *eps_post* | *roa_post* |
| *turnover* | 0.063 4<br>(0.141 5) | | | | |
| *ROA*1 | 0.022 9**<br>(4.123 1) | | | | |
| *DB*1 | 0.012 4*<br>(3.159 8) | | | | |
| *industry* | 控制 | 控制 | 控制 | 控制 | 控制 |
| *year* | 控制 | 控制 | 控制 | 控制 | 控制 |
| *_cons* | 0.016 8<br>(0.000 0) | −7.964 60***<br>(−13.39) | 1.361 15***<br>(3.97) | 9.214 08**<br>(2.37) | −0.200 57<br>(−0.51) |

注：* $p<0.1$，** $p<0.05$，*** $p<0.001$；表中括号内代表的是 t 值。

从表 7 - 9 可以看到，在控制其他变量的前提下，企业选择突击入股投资者的概率主要与企业上市前一年的资产收益率 ROA1 和资产负债率 DB1 有关。选择概率与资产收益率正相关，资产收益率越高，企业的经营状况越好，因而上市企业在选择突击入股投资者时，逆向选择的可能性越小。选择概率与资产负债率正相关，负债率越高，企业的资金需求越大，因而选择突击入股投资者的概率越大。在控制样本的内生性问题之后，第二阶段的多元线性回归结果显示，上市企业 IPO 前投资者突击入股行为仍然对企业上市前后存在影响，突击入股投资者持股的公司 IPO 后长期业绩表现显著较差，突击入股行为对上市企业 IPO 前和 IPO 时的表现无显著影响。这一结果与上文的回归的结果相一致，因而可以认为本章得到的结果是有效的、稳健的。此外，在考虑突击入股投资行为对上市企业 IPO 后业绩表现的影响时，我们选取了两个指标，即平均每股收益增长率 eps_post 和上市一年后 ROA 增长率 roa_post，这在某种意义上也是在进行稳健性检验。综上所述，本章得到的结果在一定程度上是稳健的、有效的。

## 五、研究结论与政策建议

本章在国内外学者已有研究成果的基础上，以我国中小板和创业板市场上2010年11月至2012年5月上市的342家企业为研究样本，系统探究了上市企业IPO前投资者的突击入股行为对公司上市前后的影响。研究发现，总体来说突击入股对企业IPO前盈余管理没有影响，但国有背景私募股权突击入股的企业IPO前盈余管理程度显著较高；私募股权突击入股对企业上市后每股收益增长率和ROA增长率的影响显著为负，即突击入股对上市公司业绩变脸存在显著影响，且持股比例越低的突击入股投资者所参与的企业，其长期绩效表现越差，但突击入股时间的长短对IPO后公司的表现没有显著影响。

鉴于本章得出的结论，我们认为在中小板和创业板市场处于热销状态的前提下，有必要加强对突击入股投资者的控制，通过延长其锁定期迫使其在初始投资时更加谨慎，进而减少中小板和创业板市场上的业绩变脸现象。其次，事实证明突击入股投资行为的日益猖獗在一定程度上加剧了PE腐败，与证监会的初衷相悖。因此，为了防止PE腐败的扩散，保障市场公平，加强对突击行为的控制是十分有必要的。此外，对于投资者而言，为了保障自身利益，减少投资风险，在关注企业IPO前和IPO时表现的同时，更应加强对企业IPO后长期业绩的重视。

# 第八章　投资者情绪、意见分歧与企业IPO后的市场表现研究[①]

中国股票市场企业 IPO 后首日回报高、长期回报低的现象十分突出，传统理性金融理论难以对这两者同时加以解释。文章基于行为金融理论，从二级市场个体投资者情绪与意见分歧相结合的角度，利用账户交易数据中的投资者 IPO 首日净买入构建情绪指标对上述现象进行研究，结果表明 IPO 首日投资者情绪和意见分歧均对 IPO 首日回报有显著为正的解释力，尤其是当意见分歧严重时，投资者情绪的影响更大，同时首日投资者情绪对 IPO 长期超额回报有显著为负的影响，但意见分歧却对长期回报没有影响。文章的研究从二级市场个体投资者非理性偏好角度揭示了中国股市“IPO 之谜”产生的根源。

## 一、引　言

IPO 即股票首次公开发行，是当前金融学研究的一个热点问题，其中的核心是 IPO 上市首日投资回报很高，而同时 IPO 股票长期投资回报却很低。这一现象在全世界范围内长期存在，被学术界称为“IPO 之谜（IPO Puzzle）”（Ritter and Welch，2002；Ljungqvist et al.，2006）。部分学者从投资者理性与信息不对称角度对 IPO 首日高回报现象进行了解释（Beatty et al.，1986；Benveniste et al.，1989；Carter et al.，1990）。然而相对于

① 本章部分内容修改后发表在《管理科学学报》2015 年第 3 期。

美国市场1993～2008年期间24%的IPO首日平均回报[1]，中国市场2005年到2011年，IPO首日平均回报高达66.88%，其中宏达高科在2007年8月3日上市首日回报达到538%，这么高的首日回报似乎很难从投资者理性角度进行解释。与此同时，上述这些理论并不能同时解释为什么IPO长期回报低的问题(Ljungqvist et al.，2006)。而IPO长期投资回报差的现象在中国市场同样存在并且更加突出，例如华锐风电在2011年1月上市初期市值达800多亿，而不到一年时间则缩水为400亿，且这种现象不是个例，而是中国股票市场普遍存在的问题。究竟是什么因素造成了中国股市上述IPO现象？我们应该如何来揭开中国股市IPO之谜？目前国内学者主要从政策管制(田利辉等，2013)、承销商声誉(郭宏等，2006)、风险投资参与(陈工孟等，2011)等理性角度探讨了中国IPO首日高回报问题，同时也有部分学者从投资者非理性尤其是投资者情绪角度进行了初步探讨(刘煜辉和熊鹏，2005；韩立岩和伍燕然，2007)。然而这些研究普遍忽视了中国市场IPO股票长期走势低迷的问题，并且当前从非理性角度的探讨较为初步，方法上存在值得商榷之处。在本章中我们将IPO首日高回报和长期低回报作为一个完整的IPO现象进行系统研究。考虑到中国市场属于新兴资本市场，投资者结构中个体投资者占有非常重要甚至主要的地位，而个体投资者非理性行为十分突出。此外由于制度不完善，在2010年之前中国市场缺乏有效的做空机制，机构投资者无法通过套利来消除个体投资者偏差对股价的影响。因此，我们选择从二级市场个体投资者非理性偏差视角研究中国股市IPO之谜。

在研究过程中，本章借鉴Kuma和Lee(2006)及Kaniel等(2008)提出的方法，基于个体投资者IPO首日相对净买入量构建投资者情绪指标，同时结合投资者意见分歧研究中国股市IPO现象。研究结果发现，中国股市存在"IPO之谜"，即IPO首日存在超高投资回报，而长期超额回报显著为负，并且这两者之间存在显著为负的相关关系；进一步从投资者非理性角度

---

① Liu X., Ritter J. Local Underwriter Oligopolies and IPO Underpricing. *Journal of Financial Economics*, 2011(102): 579.

对这一现象进行研究，结果表明 IPO 首日投资者情绪及意见分歧均对 IPO 首日回报有显著为正的解释力，即投资者情绪越高、意见分歧越严重，则首日投资回报越高，尤其是当意见分歧严重时，IPO 首日投资者情绪对 IPO 首日回报的影响更大，即二者叠加效应明显；与此同时，投资者情绪对 IPO 长期超额回报的影响显著为负，即投资者情绪越高，未来长期超额回报越低、股价回调现象越突出，表明长期来看投资者情绪对 IPO 股票的影响逐步消失、股价逐步回归理性；但是和理论预期不同的是，投资者意见分歧对 IPO 长期超额回报并没有显示显著为负的影响，表明投资者对 IPO 股票的意见分歧产生的影响长期存在，并未随着信息的逐步揭示而消失。

相比已有研究，本章的主要贡献在于：第一，基于账户交易数据，从投资者交易角度更加精确和直接地刻画了中国股票市场投资者情绪，尤其是刻画了投资者情绪在不同股票上的截面差异，更加深刻揭示了投资者情绪对股票定价的影响；第二，基于二级市场个体投资者非理性偏好视角，从投资者情绪与意见分歧相结合的角度，对中国股市 IPO 之谜提供了系统的理论解释，同时也为相关理论提供了中国市场证据。

## 二、文献回顾与研究假说的提出

### （一）文献回顾与述评

自 20 世纪 60 年代以来，尤其是 90 年代以来，IPO 问题在世界范围内得到了广泛研究，国内外学者主要是围绕 IPO 首日高回报及长期低回报这两个现象（Ritter and Welch）。其中，早期主要基于投资者理性与信息不对称进行探讨，近年来也有部分学者从投资者非理性角度进行了研究，下面我们分别从这两方面对现有文献进行述评。

1. 信息不对称与 IPO 抑价

关于 IPO 首日高回报问题，现有研究主要基于投资者理性视角，从一级市场投资者和股票发行人之间的信息不对称，以及不同投资者之间的信息不对称入手进行研究，指出这一高回报来自 IPO 发行价格的“抑价”，其中 Beatty 等（1986）研究指出首日抑价是为了对申购投资者予以补偿，以弥补非知情者由于逆向选择所承担的损失。Benveniste 等(1989)从 IPO 过程中的询价机制出发,指出在信息不对称情况下,承销商为诱导机构投资者参与 IPO 过程并提供私人信息,通过 IPO 折价方式予以激励;Chemmenur 等(2010)进一步研究了询价制度安排中机构投资者激励机制与 IPO 抑价问题。Carter 等(1990)则从投资银行声誉角度对 IPO 抑价问题进行研究,指出在 IPO 过程中,承销商具有发行人与投资者两方面的信息优势,因而在 IPO 定价过程中有举足轻重的作用,研究发现承销商声誉越好,IPO 抑价率越小。

类似地,目前国内学者普遍认为中国股市 IPO 存在发行“抑价”问题,并主要从信息不对称角度进行了解释。其中,郭宏等(2006)研究了承销商声誉对抑价的影响,潘越等(2011)则进一步研究了承销商利用分析师报告对 IPO 股票进行托市的行为;蒋顺才等(2006)从发行与定价机制变迁角度研究了 IPO 抑价问题。此外,陈工孟等(2011)、冯科等(2013)研究了风险投资对 IPO 抑价的影响。

纵观上述研究,可以看到目前国内外学者主要还是围绕信息不对称理论展开,认为 IPO 首日高回报是源于 IPO 发行价格相对股票内在价值的折价,并从逆向选择、承销商声誉及 IPO 定价制度安排等角度进行了解释。但正如 Ljungqvist 等(2006)所指出的,尽管这些理性视角的研究在一定程度上解释了 IPO 首日高回报问题,然而并不能同时解释 IPO 长期走势低迷的现象,因此我们需要从新的理论视角进行研究。

2. 投资者非理性与 IPO 溢价

从 20 世纪 90 年代开始,部分学者对 IPO 发行抑价提出了质疑。其中,Purnanandam 等(2004)基于样本配对方法,研究指出 IPO 首日高回报主要来自二级市场“溢价”而非一级市场“抑价”,即 IPO 首日收盘价超过了股票内在价值,并从行为金融学角度提供了一定的解释。Derrien(2005)以及 Ljungqvist 等(2006)基于投资者过度乐观及卖空约束,通过理论模型方法研究了投资者情绪对 IPO 首日高回报及长期低回报的影响,指出投资者情绪会导致 IPO 首日过高定价,并使得 IPO 股票长期走势低迷,为这一领域的研究提供了新的理论框架。Dorn(2009)利用德国市场特殊投资者数据构建情绪指标，对上述理论进行了一定的验证，然而该研究样本区间相对较短(仅为一年)，样本量也仅有 91 个，研究结论的可靠性和稳健性受到一定的质疑，另外德国市场并不能很好地满足做空约束条件。国内市场上，邹高峰等(2012，2013)基于随机边界方法，发现尽管中国市场 IPO 首日高回报一定程度上受一级市场抑价影响，但主要源于二级市场溢价。韩立岩和伍燕然(2007)从投资者情绪角度对中国市场 IPO 异象提供了一定的解释，但该文采用市场总体数据构建投资者情绪指标，且该指标的构建过于简单，我们认为无法很好地刻画投资者情绪。此外，黄俊和陈信元[22]研究了媒体报道对 IPO 抑价的影响，发现媒体报道显著提高了首发抑价，但长期来看媒体报道越多、未来股价下跌越明显，然而该文没有进一步从投资者非理性角度挖掘这一现象背后的根源。

纵观上述研究，现有文献从投资者非理性角度对 IPO 异象提供了新的理论解释，并在实证上得到一定的验证，然而相比之下实证研究相对较少，证据并不是十分充分，同时普遍缺乏对 IPO 长期回报的研究，因此有必要进一步基于投资者非理性视角对这一问题进行深入研究。此外，在研究投资者非理性对 IPO 异象的影响时，一个基本前提是市场缺乏做空机制，理性的机构投资者无法通过套利来消除非理性投资者的影响，但英美等发达国家市场普遍存在做空机制，因此实证研究无法完全和理论分析相一致。而中国市场在 2010 年之前存在严格的做空约束，这为我们验证和发展相关理论提供了很好的研究机会。

### (二) 理论分析与研究假说的提出

在本章中我们从二级市场个体投资者非理性行为角度来探讨中国市场 IPO 之谜。个体投资者非理性行为究竟是如何影响 IPO 市场现象的？当前关于个体投资者非理性的研究主要分两方面，一是整体上的投资者情绪或者说投资者一致性偏差(Baker and Wurgler，2007)对股票定价的影响，二是非理性投资者内部的意见分歧或观点不一致性(Hong and Stein，2007)引起的投机性交易对股票定价的影响。

De Long 等(1990)首次提出投资者情绪(Investor Sentiment)理论，指

出非理性投资者会受市场情绪的影响，从而对股票价值的判断产生系统性偏差，在缺乏做空机制的情况下，这一系统性的错误信念会导致股票定价偏差。Barber 等(2009)采用交易数据对这一理论进行了验证，发现非理性的个体投资者交易行为确实具有系统性特征。基于这一理论，Ljungqvist 等(2006)从发行人角度出发，通过理论建模的方式将投资者情绪影响 IPO 定价的机制加以刻画，研究发现当存在情绪投资者和受到卖空约束的情况下，IPO 首日投资回报会出现异常高的现象，同时 IPO 股票长期投资回报为负。Derrien(2005)则基于承销商角度，从理论上研究了 IPO 定价及其后续价格变化问题，类似地也发现投资者情绪会导致 IPO 首日高回报以及长期低回报的现象。

与此同时，自 Miller(1977)以来，国外学者对投资者意见分歧进行了广泛的研究，其中 Harrison 和 Kreps(1978)首次通过理论建模的方式，指出当存在投资者意见分歧及卖空约束时，乐观投资者将主导市场，导致股票定价过高。在此基础上，Sheinkman 和 Xiong(2003)明确提出了“再售期权理论(Resale Option Theory)”，指出在存在投资者意见分歧的情况下，非理性投资者买入股票并非是为了追求其内在价值，而仅是为了将来有一天能够以更高的价格将股票出售给具有不同信念的投资者，即追求一种投机性收益。

Baker 和 Wurgler(2007)首次在理论上同时考虑了投资者情绪与意见分歧问题，指出在缺乏做空机制情况下，投资者情绪将对股票价格产生系统性影响，尤其是当股票难以估价(投资者意见分歧严重)、投机性特征突出时这一影响尤为明显。类似地，Cen 等(2013)也同时考虑了投资者情绪以及意见分歧对股票未来收益的影响，指出这两者同时对收益可预测性产生影响。

首次公开发行的 IPO 股票为研究投资者非理性交易行为提供了理想的研究对象。由于股票上市前信息不对称程度严重，投资者尤其是个人投资者对新股缺乏足够的关注，在这种情况下个体投资者往往基于非理性因素进行投资，而当理性投资者投资行为受卖空约束时，非理性投资者这一投资行为将进一步影响资产定价与资源配置(Dorn, 2009)。中国股票市场作为新兴资本市场，个体投资者占有主要地位，其行为的非理性特征十分突出。与此同时，在 2010 年之前，中国股票市场缺乏做空机制，即使机构投资者看到 IPO 首日价格偏离现象，也无法通过套利交易来消除价格偏差，所以非理性投资者行为对 IPO 定价具有决定性影响。此外，中国股票市场 IPO 首日不设涨跌幅限制、波动幅度大，而其余交易日有上下 10%的涨跌幅限制，从而使得 IPO 股票成为个体投资者重要投机对象。因此，总体来说中国股票市场为研究投资者情绪与意见分歧对 IPO 投资回报的影响提供了很好的自然实验。

和 Cen 等(2013)类似，我们认为非理性的个体投资者对中国股市 IPO 股票的价值判断同时受情绪和意见分歧的影响，具体如下：

$$\widetilde{V}^j_{i,t}=F+\widetilde{S}^j_t+\eta_i\widetilde{H}^j_t \tag{8-1}$$

其中，$\widetilde{V}^j_{i,t}$代表投资者 $i$ 对股票 $j$ 在 $t$ 时刻的价值判断；$F$ 表示股票内在价值；$\widetilde{S}^j_t$ 表示受投资者情绪影响而产生的偏差，当投资者整体表现出乐观时，$\widetilde{S}^j_t>0$；$\widetilde{H}^j_t$ 表示投资者意见分歧，$\widetilde{H}^j_t$ 越大代表投资者意见分歧程度越严重；$\eta_i$ 代表不同投资者意见分歧程度的差异。根据 Cen 等[30]的理论模型，当非理性的二级市场个体投资者受这两种偏差影响时，在存在做空约束的情况下，最终股票价格取决于投资者情绪和意见分歧。其中，投资者情绪越高、意见分歧程度越严重，则价格高估现象越突出，未来价格回调越多①。特别地，在投资者对某一股票的意见分歧大、该股票估值难度高的情况下，投资者情绪对该股票价格的影响则更大(Baker and Wurgler, 2007)。

基于上述理论分析，我们提出本章的研究假说。

**H1**　投资者情绪对 IPO 投资回报具有重要影响力，投资者情绪越高，则 IPO 首日投资回报越高、长期投资回报越低；

**H2**　投资者意见分歧对 IPO 投资回报具有重要影响力，投资者意见分歧越严重，则 IPO 首日回报越高、长期投资回报越低；

**H3**　当投资者对 IPO 股票的意见分歧严重时，投资者情绪对 IPO 投资回报的影响更突出。

---

①　详细的理论推导参见 Cen L.，Lu H.，Yang L. Investor Sentiment, Disagreement and Return Predictability of Ownership Breadth. *Management Science*，2013(59)：1076 - 1091.

## 三、研究设计

### (一) 样本选择与数据来源

2005年1月1日中国市场实行IPO询价机制以来,IPO制度相对稳定,同时加上2005年之后上市的股票不存在股权分置的问题,因此我们选择2005年后样本进行研究,样本区间为2005～2011年。相关数据来源于Wind数据库,表8-1提供了IPO首日基本情况统计分析。从表8-1我们可以看到,总体来说,IPO实行询价制度以来,每年新IPO公司数量逐步上升,IPO首日回报率总体来说非常高,平均达66.88%,特别是在2007年,IPO首日回报高达193.07%,而相比之下IPO首日市场回报仅为0.39%。与此同时,IPO首日换手率也非常高,平均高达71.02%,即IPO首日可流通股票中有超过2/3的股票被售出。这其中我们最关心的问题是:为什么IPO首日回报率如此高?以下我们将从投资者情绪与意见分歧相结合的角度加以系统研究。

**表8-1　IPO股票首日情况统计分析**

| 年份 | 数量(只) | 发行价(元) | 发行前市盈率 | 首日换手率(%) | 首日回报(%) | 市场回报(%) |
|---|---|---|---|---|---|---|
| 2005 | 15 | 6.65 | 13.06 | 57.14 | 45.12 | −0.63 |
| 2006 | 65 | 8.15 | 15.09 | 71.12 | 84.81 | 0.28 |
| 2007 | 126 | 11.47 | 22.37 | 64.56 | 193.07 | 0.39 |
| 2008 | 77 | 11.94 | 18.00 | 80.36 | 114.87 | −0.60 |
| 2009 | 99 | 23.32 | 31.71 | 79.31 | 74.15 | 0.29 |
| 2010 | 350 | 29.58 | 36.65 | 71.63 | 41.07 | −0.36 |
| 2011 | 269 | 26.53 | 29.23 | 68.27 | 21.83 | −0.52 |
| 平均 | 143 | 22.77 | 29.18 | 71.02 | 66.88 | −0.22 |

与此同时,为了对投资者情绪进行精确和直接度量,我们借鉴Kumar和Li(2006)、Kaniel等(2008)提出的方法,采用某全国性大型券商投资者交易数据,该交易数据样本区间为2007年1月1日到2009年9月30日,涉及180万个投资者的交易。经样本配对后,期间总共有232家公司进行

IPO。在后面的实证研究部分，由于数据可得性限制，我们主要基于该样本进行研究。

## （二）研究方法

由于投资者情绪无法直接观测，如何对投资者情绪进行度量是这方面研究的一个难点。现有文献主要基于 Baker 和 Wurgler（2006）提出的方法，采用市场总体数据通过主成分分析法构建情绪指标。然而由于市场总体数据包含的噪声较多，且样本采集频率较低，无法对投资者情绪进行精确刻画，另外该方法无法对投资者在不同股票上的情绪截面差异进行刻画。

为解决上述问题，我们借鉴 Kumar 和 Lee（2006）、Kaniel 等（2008）提出的方法，基于投资者交易数据，用个体投资者 IPO 首日净买入比例 BSI 来代表投资者情绪，具体如公式（8－2）。

$$BSI_i = \frac{\sum_j (VB_j - VS_j)}{\sum_j (VB_j + VS_j)} \tag{8-2}$$

其中，$VB_j$ 表示第 $j$ 个个体投资者在 IPO 首日买入量，$VS_j$ 表示第 $j$ 个个体投资者在 IPO 首日卖出量。

$BSI$ 指标用来代表投资者情绪的合理性在于：个体投资者往往被认为是非理性的噪声交易者，这些投资者并不是基于自身对基本面信息的分析和挖掘来进行投资，而是基于某些引起关注的事件进行投资，并且在这个过程中相互影响，其交易行为具有系统相关性，从而形成系统性投资偏差（Kumar and Lee，2006）。Barber 等（2009）进一步基于个人投资者交易数据进行研究，发现个体投资者交易行为整体上是“系统性噪声（Systematic Noise）”，即个体投资者交易高度相关并且这种关系具有持续性。此外，他们还论证了这种系统性交易相关性来自于投资者心理偏差，而不是基本面因素的变化。因此，我们认为用个体投资者群体对某一股票总的相对净买入量 BSI 来表示投资者情绪具有较强的合理性。

为了验证该指标选取的合理性，我们采用 Logistic 方法，对 IPO 首日个体投资者买入交易的影响因素进行简要分析，结果如表 8－2。从表 8－2 可以看到，投资者 IPO 首日的买入行为受投资者年龄、性别、投资经验以及所处地区影响，且均在1%水平显著，表明随着投资者年龄增大、投资经验的增加、所处地区较发达时，投资者在IPO首日买入的概率减小，与此同时，相对于女性投资者，男性投资者更可能在IPO首日买入股票。从这些分析可以看到，IPO首日买入的投资者更容易受非理性因素影响，从而也证明了我们选择IPO首日个体投资者净买入作为投资者情绪指标具有较强的合理性。

**表8-2　投资者IPO首日买入影响因素分析**

| 变量 | 首日买入 |
|---|---|
| 年龄 | −0.008 0*** |
| | (<0.01) |
| 性别 | 0.348 0*** |
| | (<0.01) |
| 投资经验 | −0.001 2*** |
| | (<0.01) |
| 所处地区 | −0.345 9*** |
| | (<0.01) |

注：当投资者为男性时，性别哑变量取值为"1"，否则取"0"；当投资者位于北京、上海、广东、江苏、浙江、天津和山东地区时，我们界定为发达地区，取值为"1"，其他地区取值为"0"；投资经验用开户时间到交易时间的间隔来衡量。

此外，对于投资者意见分歧，借鉴Diether等(2002)、Baker和Wurgler(2007)的研究，我们采取间接方式加以衡量，即通过分析师预测的差异性来间接刻画投资者的意见分歧程度。具体来说，我们用分析师预测上限和下限的平均值代表该分析师对IPO新股的看法，然后用分析师群体预测值的标准差/均值来代表投资者意见分歧进行研究。

表8-3是对投资者情绪和意见分歧的描述性统计，从表8-3可以看到，投资者情绪和意见分歧这两个变量均存在较大的差异性，其中投资者情绪最小为−0.862 2，最大为0.979 0，而意见分歧的最小值和最大值分别为0.052 4和0.460 9。值得注意的是，投资者情绪和意见分歧之间的相关系数仅为−0.056 9且并不显著，即这两个描述投资者非理性偏好的指标具有很大的独立性，刻画了个体投资者非理性的不同方面。

**表 8－3 投资者情绪与意见分歧描述性统计**

| | 均值 | 中位数 | 标准差 | 最小值 | 最大值 |
|---|---|---|---|---|---|
| 投资者情绪 BSI | －0.050 5 | －0.109 0 | 0.517 1 | －0.862 2 | 0.979 0 |
| 意见分歧 | 0.201 9 | 0.189 7 | 0.071 5 | 0.052 4 | 0.460 9 |
| 相关系数 | －0.056 9<br>(0.39) | | | | |

## 四、实证结果与分析

### （一）IPO 回报的分组分析

我们首先对 IPO 首日及长期投资回报进行简要分析，其中长期回报包括原始回报和超额回报。超额回报的计算，我们以相应的市场指数回报为基准进行调整，其中沪市股票我们用上证综指进行调整，深市股票我们用深证成指进行调整①。从表 8－4 可以看到，在 2007～2009 年样本研究区间，IPO 首日高回报现象十分突出，均值和中位数分别达 150.32％和 115.58％，远超过纽约股票市场 14％左右的首日平均回报。与此同时，IPO 长期价格回调现象也十分明显，无论原始回报还是市场调整超额回报均显著为负。另外，IPO 股票长期投资回报与 IPO 首日回报之间存在显著为负的关系，IPO 首日投资回报越高，长期投资回报（包括原始回报和市场调整超额回报）越低，即从长期来看 IPO 股票存在价格回调现象。然而与 IPO 首日超过 100％的涨幅相比，长期来看 IPO 股票价格的回调幅度相对较小。

**表 8－4 IPO 股票投资回报分析**

| 区间 | (0，1) | (1，60) | (1，90) | (1，120) | (1，180) |
|---|---|---|---|---|---|
| Panel A：原始回报 | | | | | |
| 均值(％) | 150.32 | －8.42 | －10.89 | －11.11 | －16.37 |
| 中位数(％) | 115.58 | －12.64 | －19.25 | －21.54 | －23.44 |
| 和 IPO 首日回报相关性 | | －0.28***<br>(＜0.01) | －0.21***<br>(＜0.01) | －0.26***<br>(＜0.01) | －0.39***<br>(＜0.01) |

① 我们用 CAPM 和 Fama-French 三因素模型进行调整计算超额回报，结果类似。

续 表

| 区间 | (0, 1) | (1, 60) | (1, 90) | (1, 120) | (1, 180) |
|---|---|---|---|---|---|
| Panel B:超额回报 | | | | | |
| 均值(%) | 153.15 | −8.48 | −9.44 | −10.77 | −10.52 |
| 中位数(%) | 117.32 | −11.55 | −12.28 | −8.58 | −6.99 |
| 和 IPO 首日回报相关性 | | −0.39***<br>(<0.01) | −0.28***<br>(<0.01) | −0.22***<br>(<0.01) | −0.17***<br>(<0.01) |

注:时间区间单位为交易日,回报均值和中位数比较基准均是 IPO 首日收盘价,其中(0,1)表示 IPO 首日回报率,***、** 和 * 分别表示 1%、5%和 10%的显著性水平。

与此同时,我们进一步考虑投资者情绪和意见分歧的影响,对 IPO 投资回报进行分组分析,结果如表 8-5。Panel A 按照投资者情绪进行五等分,从 1 到 5 代表投资者情绪逐步增大,可以看到总体来说,随着投资者情绪的增大,IPO 首日投资回报增加,其中第 5 组和第 1 组的首日回报差异为 82.87%且在 1%水平下显著。与此同时,从长期来看,随着投资者情绪的增大,未来股票超额回报下降,除 180 日超额回报外,其余第 5 组和第 1 组长期超额回报的差值显著为负。上述结论初步论证了研究假说 H1。

类似地,在 Panel B 中按照投资者意见分歧将股票进行五等分,可以看到随着投资者意见分歧的增大,IPO 首日投资回报逐步增加,第 5 组和第 1 组的首日回报差值高达 119.90%且在 1%水平下显著,从而部分地论证了研究假说 H2。但从长期来看,投资者意见分歧对 IPO 回报的影响却不显著,这和理论预期并不一致。

下面我们在控制公司基本面因素基础上,进一步分析投资者情绪和意见分歧对 IPO 投资回报的影响。

**表 8-5 投资者情绪、意见分歧与 IPO 投资回报的分组分析**

| | Quintile 1 | Quintile 2 | Quintile 3 | Quintile 4 | Quintile 5 | Q5−Q1 |
|---|---|---|---|---|---|---|
| Panel A:投资者情绪与 IPO 投资回报 | | | | | | |
| IPO 首日超额回报(%) | 134.65 | 140.21 | 148.52 | 110.72 | 217.52 | **82.87*****<br>**(3.42)** |
| 60 日超额回报(%) | 1.96 | −2.50 | −15.80 | −15.94 | −10.11 | **−12.07****<br>**(−2.08)**s |

续　表

| | Quintile 1 | Quintile 2 | Quintile 3 | Quintile 4 | Quintile 5 | Q5－Q1 |
|---|---|---|---|---|---|---|
| 90 日超额回报(%) | 7.22 | －8.57 | －19.39 | －20.67 | －5.81 | **－13.04*** <br> **(－1.89)** |
| 120 日超额回报(%) | 10.74 | －9.68 | －26.58 | －25.88 | －2.45 | **－13.19*** <br> **(－1.72)** |
| 180 日超额回报(%) | 14.06 | －15.21 | －32.05 | －24.49 | 5.07 | **－8.99** <br> **(－1.16)** |
| Panel B:投资者意见分歧与 IPO 投资回报 | | | | | | |
| IPO 首日回报(%) | 103.69 | 103.08 | 169.47 | 151.76 | 223.62 | **119.90*****<br> **(5.66)** |
| 60 日超额回报(%) | －9.68 | －0.26 | －10.85 | －10.56 | －11.02 | **－1.34** <br> **(－0.27)** |
| 90 日超额回报(%) | －9.29 | －3.88 | －11.35 | －11.79 | －10.91 | **－1.62** <br> **(－0.23)** |
| 120 日超额回报(%) | －7.76 | －4.08 | －14.87 | －15.78 | －11.36 | **－3.61** <br> **(－0.45)** |
| 180 日超额回报(%) | －8.32 | －1.69 | －15.55 | －15.24 | －11.82 | **－3.50** <br> **(－0.37)** |

注：***、** 和 * 分别表示 1%、5%和 10%的显著性水平。

### (二) 投资者情绪、意见分歧与 IPO 首日回报

我们进一步控制公司基本面因素，来研究个体投资者非理性偏差对 IPO 首日投资回报的影响。从表 8－6 可以看到，投资者情绪和意见分歧对 IPO 首日回报的影响均显著为正，并且当意见分歧越严重时，投资者情绪对 IPO 首日回报的影响更大①，从而较好地论证了本章的研究假说 H1 至 H3。为了尽可能控制多重共线性因素的影响，我们进一步对投资者意见分歧进行五等分，从 1 到 5 表示意见分歧程度逐步增大，分别研究不同意见分歧下投资者情绪对 IPO 首日回报的影响。可以看到，总体来说随着意见分歧程度的增大，投资者情绪对 IPO 首日回报的影响增大，尤其是 Quintile 5 一组中投资者情绪的影响最大，从而进一步论证了研究假说 H3。

① 交叉项的不显著主要是因为多重共线性。

**表 8-6 投资者情绪、意见分歧与 IPO 首日回报**

| | 总体 | Quintile 1 | Quintile 2 | Quintile 3 | Quintile 4 | Quintile 5 |
|---|---|---|---|---|---|---|
| 投资者情绪 | 62.975 3* (1.79) | 33.043 3 (1.01) | 79.222 2*** (3.23) | 120.363 7*** (5.39) | 30.764 7 (1.00) | 122.393 1*** (5.14) |
| 意见分歧 | 414.705 7*** (4.42) | | | | | |
| 投资者情绪×意见分歧 | 108.893 2 (0.65) | | | | | |
| 公司规模 | −28.858 7*** (−3.66) | −21.692 3 (−1.55) | −40.321 2*** (−3.51) | −10.899 4 (−0.64) | −41.857 1** (−2.13) | −36.898 9 (−1.46) |
| 公司成立时间 | −0.289 3 (−0.56) | −0.195 1 (−0.66) | −2.326 9 (−0.91) | −8.946 5** (−2.31) | 0.942 0 (0.26) | 3.461 0 (0.95) |
| 上市类型 | 24.746 3 (0.74) | 20.647 1 (0.32) | 39.667 6 (0.97) | −1.949 9 (−1.56) | 138.989 1* (1.71) | −23.755 8 (−0.26) |
| IPO 价格 | −6.553 7*** (−6.37) | −3.264 3** (−2.13) | −6.321 2*** (−4.00) | −9.053 5*** (−3.35) | −7.815 5*** (−2.68) | −9.986 8*** (−2.91) |
| 发行前市盈率 | 0.100 7 (0.39) | 0.082 6 (0.53) | 3.179 3* (1.74) | 3.413 0 (1.60) | −1.054 9 (−0.68) | −4.205 3** (−2.52) |
| Adj. $R^2$ | 0.363 | 0.129 | 0.357 | 0.373 | 0.170 | 0.408 |

注：括号内为经过 Huber-White 异方差调整的 t 统计量，*** 、** 和 * 分别表示 1%、5%和 10%的显著性水平。

### （三）投资者情绪、意见分歧与 IPO 长期回报

我们进一步分析投资者情绪、意见分歧对 IPO 股票长期投资回报的影响，其中因变量是经市场指数调整后的超额回报，结果如表 8-7。我们可以看到，无论是 90 日、120 日还是 180 日，投资者情绪对 IPO 长期投资回报的影响均显著为负，从而进一步地验证了本章提出的研究假说 H1，表明长期来看随着 IPO 股票信息的逐步揭示，IPO 首日投资者情绪对股票定价的影响逐步消失、股价逐步回归理性。但同时也看到，投资者意见分歧对长期投资超额回报的影响和理论预期不一致，即和本章研究假说 H2 不一致。其中的原因很有可能是在 IPO 首日投资者意见分歧越严重、股票估值难度越大的股票，长期来说其投机性始终较强，从而使得股票价格中包含更高的再售期权价值，因而没有出现预期的价格回调现象，即说明投资者意见分歧

产生的影响长期存在，并未随时间而消失，这也是表 8－4 中长期价格回调幅度相对首日涨幅较小的原因。

**表 8－7　投资者情绪、意见分歧与 IPO 长期回报**

| 变量 | 90 日超额回报 | 120 日超额回报 | 180 日超额回报 |
|---|---|---|---|
| 投资者情绪 | **−18.769 0*****<br>**(−4.18)** | **−21.161 1*****<br>**(−4.06)** | **−18.763 0*****<br>**(−3.67)** |
| 意见分歧 | **40.556 2**<br>**(0.96)** | **43.428 9**<br>**(0.97)** | **55.456 0**<br>**(1.21)** |
| 公司规模 | 1.670 5<br>(0.57) | 2.181 8<br>(0.57) | 3.933 7<br>(1.13) |
| 公司成立时间 | 0.014 9<br>(0.11) | 0.241 7<br>(1.48) | −0.000 4<br>(−0.02) |
| 上市类型 | 21.911 7**<br>(2.16) | 20.225 0<br>(1.37) | 10.054 5<br>(0.78) |
| IPO 价格 | 2.215 5***<br>(6.18) | 2.815 4***<br>(5.98) | 3.425 4***<br>(5.42) |
| 发行前市盈率 | −0.396 7***<br>(−2.72) | −0.430 4***<br>(−2.76) | −0.335 1***<br>(−2.95) |
| Adj. $R^2$ | 0.172 | 0.176 | 0.167 |

注：括号内为经过 Huber-White 异方差调整的 t 统计量，***、** 和 * 分别表示 1%、5%和10%的显著性水平。

## 五、稳健性检验

由于在使用投资者账户数据构建投资者情绪时，我们采用 IPO 上市首日的净买入数据，因此在分析对 IPO 首日回报的影响过程中有一定的内生性。对此，在这一部分中，我们基于 Baker 和 Wurgler 的研究思路和方法构建投资者情绪指数来进行稳健性分析，结果如表 8－8 和表 8－9。在表 8－8 和表 8－9 中，我们采用封闭式基金折价、消费者信心指数、新增投资者开户数、股票换手率以及开放式基金净申购等市场总体月度数据，通过主成分分析法构建综合指标，并用第一主成分代表投资者情绪。在具体研究过程中，我们用 IPO 上市前一个月的投资者情绪指数来分析投资者情绪对 IPO 首日及长期投资回报的影响。从表 8－8 可以看到，投资者情绪和意见分歧对首日回报均有显著为正的影响，尤其是意见分歧严重时，投资者情绪的影响更大。进一步按照意见分歧程度进行五等分，可以看到随着投资者意见分歧程度的增加，投资者情绪对 IPO 首日回报的影响呈逐步增加的趋势，从而说明第四节中表 8－6 的结论是稳健的。

**表 8－8　投资者情绪、意见分歧与 IPO 首日回报（稳健性检验）**

| | 总体 | Quintile 1 | Quintile 2 | Quintile 3 | Quintile 4 | Quintile 5 |
|---|---|---|---|---|---|---|
| 投资者情绪 | **8.497 5**<br>**（1.31）** | **17.699 5*****<br>**（3.47）** | **25.571 9*****<br>**（4.75）** | **30.683 9*****<br>**（4.57）** | **38.311 6*****<br>**（5.65）** | **55.194 1*****<br>**（6.29）** |
| 意见分歧 | **103.462 0*****<br>**（2.61）** | | | | | |
| 投资者情绪×意见分歧 | **157.002 1*****<br>**（3.17）** | | | | | |
| 公司规模 | －12.441 2***<br>（－4.69） | －10.150 5***<br>（－4.22） | －9.065 5**<br>（－2.07） | －16.241 0***<br>（－2.71） | －9.735 9<br>（－1.11） | －13.946 2<br>（－1.23） |
| 成立时间 | －0.799 1**<br>（－2.23） | －0.219 0<br>（－0.42） | －0.009 3<br>（－0.03） | －1.409 4<br>（－1.59） | －4.257 7***<br>（－3.40） | －1.573 1<br>（－0.99） |
| 上市类型 | －6.456 6<br>（－0.83） | －10.201 1<br>（－1.06） | －5.352 2<br>（－0.43） | 9.610 9<br>（0.67） | －16.553 0<br>（－0.74） | －51.821 6<br>（－1.29） |
| IPO 价格 | －1.439 2***<br>（－7.40） | －1.702 1***<br>（－4.71） | －1.461 1***<br>（－5.45） | －1.112 0***<br>（－4.64） | －1.770 9***<br>（－4.68） | －0.992 8**<br>（－2.07） |
| 发行前市盈率 | －0.877 0***<br>（－3.04） | －0.617 2<br>（－1.52） | －0.251 3<br>（－0.78） | －0.911 4***<br>（－3.10） | －0.434 2<br>（－0.99） | －2.226 8***<br>（－4.83） |
| Adj. $R^2$ | 0.428 | 0.277 | 0.269 | 0.331 | 0.306 | 0.463 |

注：括号内为经过 Huber-White 异方差调整的 t 统计量，***、** 和 * 分别表示 1%、5%和 10%的显著性水平。

进一步考虑投资者情绪、意见分歧对 IPO 股票长期投资回报的影响，从表 8－9 可以看到，考虑未来 90 日、120 日和 180 日超额回报时，投资者情绪对长期超额回报的影响均为负，尤其是对 120 日长期超额回报的影响显著为负，但同时意见分歧并不如理论预期出现显著为负的影响，反而产生了显著为正的影响。因此总体来说，表 8－7 的结论是稳健的。

**表 8-9　投资者情绪、意见分歧与 IPO 长期投资回报(稳健性检验)**

| 变量 | 90 日超额回报 | 120 日超额回报 | 180 日超额回报 |
|---|---|---|---|
| 投资者情绪 | **−2.043 1** | **−3.035 5*** | **−3.330 5** |
| | **(−1.46)** | **(−1.69)** | **(−1.11)** |
| 意见分歧 | **56.521 6*****| **53.339 5***** | **62.004 6**** |
| | **(3.11)** | **(2.43)** | **(2.11)** |
| 公司规模 | 1.972 5 | 2.042 0 | 1.089 8 |
| | (1.32) | (1.05) | (0.38) |
| 公司成立时间 | 0.099 3 | 0.302 5 | 0.378 8 |
| | (0.75) | (1.58) | (1.49) |
| 市场类型 | 8.333 3* | 13.139 7* | 33.233 9*** |
| | (1.77) | (1.90) | (2.80) |
| IPO 价格 | 0.330 3*** | 0.373 8*** | 0.704 9*** |
| | (3.34) | (2.70) | (3.15) |
| 发行前市盈率 | −0.085 0 | −0.065 1 | 0.181 4 |
| | (−1.11) | (−0.64) | (0.96) |
| Adj. $R^2$ | 0.037 | 0.032 | 0.062 |

注:括号内为经过 Huber-White 异方差调整的 t 统计量,***、** 和 * 分别表示 1%、5%和 10%的显著性水平。

另外,Barberis 和 Huang(2008)研究指出,IPO 异象的产生很有可能是因为个体投资者博彩偏好(Gambling Preference)引起的,即个体投资者对极小概率极高回报事件的偏好引起的。基于这一理论,Green 和 Huang(2012)验证了在美国市场 IPO 异象确实部分是由投资者博彩偏好引起的。中国市场 IPO 异象是否也是由这一因素引起的?对此,与 Green 和 Huang(2012)类似,我们用行业偏度作为 IPO 股票偏度的代理变量进行研究,结果不同于美国市场,我们并未发现正向偏度越高的股票存在首日回报越高、长期投资回报越低的现象,从而说明个体投资者博彩偏好对中国股票市场 IPO 异象没有解释力,限于篇幅,此处不再具体报告。

## 六、研究结论与政策建议

中国市场上 IPO 首日回报高、长期回报低的现象十分突出。本章基于投资者账户交易数据,从二级市场个体投资者非理性偏差角度来系统研究上述 IPO 现象。我们利用某大型券商在 IPO 首日个体投资者交易数据构建净买入指标，以代表投资者情绪，同时结合投资者意见分歧进行研究。结果表明，投资者情绪和意见分歧均对 IPO 首日超额回报有显著为正的影响，尤其是当投资者意见分歧严重时，投资者情绪对首日回报的影响更突出。与此同时，从长期来看，IPO 首日投资者情绪越高，则股票超额回报越低、未来股价回调现象越突出，表明随着信息的逐步揭示，投资者情绪对 IPO 价格的影响逐步消失。然而投资者意见分歧并不如理论预期，出现显著为负的影响，说明意见分歧对 IPO 股票价格的影响长期存在。

总体来说，我们看到二级市场个体投资者非理性行为是中国股市“IPO 之谜”产生的重要因素。为了进一步提高 IPO 定价效率，促进中国资本市场健康发展，我们认为需要从如下几方面加以改进：第一，加强个体投资者教育和引导，减少其对 IPO 股票的非理性投资行为；第二，引入 IPO 首日存量股转让机制，来减少个体投资者的投机炒作①；第三，向欧美市场学习，引入“IPO 前的交易市场(Pre-IPO Market)”，即要求准备 IPO 的股票上市前在一定范围内进行交易，从而尽可能提前揭示信息，减少因信息不对称带来的 IPO 股票非理性投资。

① 这一点已经在 2013 年 11 月新一轮的新股发行体制改革中实现。

# 第九章　主要结论、局限与未来研究方向

## 一、主要结论

2005 年中国股票市场新股发行推行 IPO 询价制度以来，IPO 定价过程中各种问题层出不穷，虽迄今已进行了六轮改革但收效甚微。究竟问题的根源在哪里？改革的出路在何方？我们基于机制设计与行为金融理论，结合中国特色渐进式制度改革场景，将研究视角前移至 IPO 询价与定价过程，针对询价过程中相关方的利益冲突与协调，首先对中国特色询价制度下的 IPO 定价机制与定价效率展开了研究，为改革中出现的系列 IPO 异象提供解释；其次从承销商估值、机构投资者报价申购、发行人与承销商定价及新股配售及个人投资者“打新”与“炒新”等角度，研究利益相关方行为对 IPO 定价的影响，以及历次改革对此产生的效应；然后围绕询价制度渐进式改革，从利益相关方财富分配角度揭示改革背后的本质；在上述研究基础上，提出 IPO 定价机制优化改进的政策建议。此外，本书也针对 IPO 前私募股权突击入股与 IPO 后业绩变脸现象进行研究，同时从投资者情绪和意见分歧两个维度，对企业 IPO 后的短期和长期市场表现进行分析。

通过研究发现，自 2005 年中国股票市场推行 IPO 询价制度并实施渐进式改革以来，历次改革主要改变了利益相关方尤其是参与询价报价的机构投资者行为，实质上并未有效提高 IPO 定价效率，而是从一种 IPO 定价非效率转变成另一种定价非效率，本质上只是改变了 IPO 利益相关方，尤其发行人和参与新股配售的投资者之间的财富分配方式。因此，我们需要跳出现有 IPO 询价制度改革的思路和路径，摆脱头痛医头，脚痛医脚的改革模式，从本质上更深层次思考当前 IPO 的问题，考虑 IPO 定价与新股配

售背后的利益相关方行为模式，从而进一步改革完善IPO询价制度，提高IPO定价效率，促进中国资本市场长足发展。

## 二、研究局限与不足

在本书阶段研究中，笔者主要基于网下机构投资者询价报价数据，结合投资者参与IPO交易的账户数据，采用实证方法进行研究，尽管有一定的理论建模，但相对较为单薄，尚缺乏系统理论框架下的建模分析。

与此同时，由于2005年推行IPO询价机制以来，改革过于频繁，笔者对当前历次IPO询价制度改革背后的逻辑还缺乏深入系统的分析，需要更深层次结合中国股票市场发展背景，对询价制度改革出台的逻辑、思路进行深入剖析，揭示询价制度改革过程中存在的问题和不足，从而跳出原有改革的思路，摆脱路径依赖，通过改革真正提高IPO定价效率，更好地实现财富分配。

## 三、未来研究方向

未来的研究中，需要结合中国特色询价制度改革背景，采用机制设计与行为金融理论，基于IPO过程中各利益相关方行为模式的深入分析，对IPO定价与新股配售进行深层次理论建模，并探究不同改革场景下IPO定价机制与市场现象背后的本质，揭示制度变革对不同IPO利益相关方行为及IPO定价效率的影响。

与此同时，进一步通过计算实验金融理论与方法，构建人工股票市场，模拟不同类型投资者行为模式，来预测分析IPO改革对投资者行为与IPO定价效率的影响，从而为下一步询价制度改革提供更有针对性的政策建议。

# 主要参考文献


1. 蔡庆丰，宋友勇，2010，“超常规发展的机构投资者能够稳定市场吗？——对我国基金业跨越式发展的反思”，《经济研究》第 1 期，90 - 101.
2. 陈工孟，高宁，2000，“中国股票一级市场发行抑价的程度与原因”，《金融研究》第 8 期，1 - 12.
3. 陈工孟，俞欣，寇祥河，2011，“风险投资参与对中资企业首次公开发行折价的影响——不同证券市场的比较”，《经济研究》第 5 期，74 - 85.
4. 陈祥有，2010，“风险投资与 IPO 公司盈余管理行为的实证研究”，《财经问题研究》第 1 期，64 - 69.
5. 崔晓蕾，何婧，2016，“投资者情绪对定向增发中财富转移的影响——基于定向增发折价的视角”，《金融与投资》第 11 期，35 - 46.
6. 方军雄，2012，“Pre-IPO 券商股权投资：鉴证功能还是独立受损”，《证券市场导报》第 1 期，59 - 69.
7. 方军雄，方芳，2010，“新股发行制度市场化改革与融资超募现象”，《证券市场导报》第 12 期，39 - 45.
8. 冯科，秦华，何理，2013，“PE 持股对上市公司影响的实证研究——以我国创业板上市公司为例”，《现代财经》第 4 期，60 - 69.
9. 郭宏，赵震宇，2006，“承销商声誉对 IPO 公司定价、初始回报和长期回报影响实证研究”，《管理世界》第 3 期，122 - 128.
10. 郭海星，万迪昉，2011，“创业板 IPO 发行定价合理吗?”，《中国软科学》第 9 期，156 - 166.
11. 郭海星，万迪昉，吴祖光，2011，“承销商值得信任吗？——来自创业板的证据”，《南开管理评论》第 14 期，101 - 109.

12. 郭思永,2012,“投资者保护、定向增发和财富转移”,《当代经济科学》第2期,71－79.
13. 郭思永,刘春江,2013,“市场时机、定向增发与财富转移”,《经济与管理研究》第2期,27－34.
14. 韩立岩,伍燕然,2007,“投资者情绪与IPOs之谜——抑价或者溢价”,《管理世界》第3期,51－61.
15. 贺炎林,吕随启,郭敏,2011,“公共信息与IPO询价制效率的关系研究”,《管理科学》第1期,63－71.
16. 黄俊,陈信元,2013,“媒体报道与IPO抑价——来自创业板的经验证据”,《管理科学学报》第2期,83－94.
17. 黄瑜琴,李莉,陶利斌,2013,“机构投资者报价行为、承销商定价策略与IPO市场表现研究”,《金融研究》第7期,180－193.
18. 贾春新,刘力,2006,“首次公开发行:从理论到实证”,《管理世界》第7期,159－169.
19. 蒋顺才,蒋永明,胡琦,2006,“不同发行制度下我国新股首日收益率研究”,《管理世界》第7期,32－38.
20. 寇祥河,潘岚,丁春乐,2009,“风险投资在中小企业IPO中的功效研究”,《证券市场导报》第5期,19－25.
21. 李心丹,王冀宁,傅浩,2002,“中国个体证券投资者交易行为的实证研究”,《经济研究》第11期,54－63.
22. 李心丹,俞红海,耿子扬,李冬昕,2013,“中国股市IPO询价制度与财富分配效应——兼论询价制度改革的有效性”,“2012 TCFA Best Paper Symposium(USA)”会议论文,“2013中国金融国际年会CICF”会议论文.
23. 李心丹,李冬昕,俞红海,朱伟骅,2014,“询价机构报价中的意见分歧与IPO定价机制研究”,《经济研究》第7期,151－164.
24. 李学峰,田元泉,李佳明,2012,“市场竞争的基金治理效应:理论假说与实证检验”,《证券市场导报》第5期,41－46.
25. 李曜,2010,“私募股权投资浪潮及其前沿研究问题”,《证券市场导报》

第 6 期,4 - 13.

26. 李曜,张子炜,2011,“私募股权、天使资本对创业板市场 IPO 抑价的不同影响”,《财经研究》第 8 期,113 - 124.

27. 李曜,王秀军,2015,“我国创业板市场上风险投资的认证效应与市场力量”,《财经研究》第 2 期,4 - 14.

28. 李玉华,葛翔宇,2013,“风险投资参与对创业板企业影响的实证研究”,《当代财经》第 1 期,75 - 84.

29. 李志文、余佩琨,杨靖,2010,“机构投资者与个人投资者羊群行为的差异”,《金融研究》第 11 期,77 - 89.

30. 刘红忠,叶军,2012,“限价指令簿的价格发现功能”,《复旦学报》第 2 期,35 - 42.

31. 刘景章,项江红,2012,“风险投资与中国 IPO 公司盈余管理行为的实证研究——基于深圳和香港创业板的数据”,《产经评论》第 4 期,151 - 160.

32. 刘力,李文德,2000,“中国股票市场股票首次公开发行首日超额收益率研究”,《中国会计与财务研究》第 4 期,1 - 53.

33. 刘煜辉,熊鹏,2005,“股权分置、政府管制和中国 IPO 抑价”,《经济研究》第 5 期,85 - 95.

34. 刘熠辉,沈可挺,2011,“是一级市场抑价,还是二级市场溢价?——关于我国新股高抑价的一种检验和一个解释”,《金融研究》第 11 期,183 - 196.

35. 刘钰善,刘海龙,2009,“新股询价发行中的价格区间与配售策略”,《管理工程学报》第 1 期,116 - 120.

36. 刘志远,郑凯,何亚南,2011a,“询价制度第一阶段改革有效吗?”,《金融研究》第 4 期,158 - 173.

37. 刘志远,郑凯,何亚南,2011b,“询价对象之间是竞争还是合谋?——基于 IPO 网下配售特征的分析”,《证券市场导报》第 3 期,35 - 44.

38. 林千惠,刘善存,宋殿宇,2012,“机构投资者串谋、IPO 抑价与定价策略分析”,《系统工程》第 7 期,1 - 7.

39. 逯东，万丽梅，杨丹，2015，“创业板公司上市后为何业绩变脸?”，《经济研究》第2期，132－144.
40. 陆蓉，韩东进，2010，“有限理性监管、初步询价和IPO定价效率”，《经济管理》第5期，16－23.
41. 潘越，戴亦一，刘思超，2011，“我国承销商利用分析师报告托市了吗?”，《经济研究》第3期，131－144.
42. 彭文平，2013，“基金打新是‘送礼祝贺’吗? ——基于中国特色IPO配售制度的研究”，《财经研究》第8期，87－98.
43. 邵新建，巫和懋，2009，“中国IPO中的机构投资者配售、锁定制度研究”，《管理世界》第10期，28－41.
44. 邵新建，薛煜，江萍，赵映雪，郑文才，2013，“投资者情绪、承销商定价与IPO新股回报率”，《金融研究》第4期:127－141.
45. 孙立坚，周赟，彭述涛，2007，“‘次贷债风波’对金融风险管理的警示”，《世界经济》第12期，22－31.
46. 谭松涛，王亚平，2006，“股民过度交易了么? ——基于中国某证券营业厅数据的研究”，《经济研究》第10期，83－95.
47. 谈毅，陆海天，高大胜，2009，“风险投资参与对中小企业板上市公司的影响”，《证券市场导报》第5期，26－33.
48. 田利辉，2010，“金融管制、投资风险和新股发行的超额抑价”，《金融研究》第4期，85－99.
49. 田利辉，张伟，王冠英，2013，“新股发行:渐进式市场化改革是否可行”，《南开管理评论》第2期，116－132.
50. 王海峰，何君光，张宗益，2006，“询价制与承销风险实证研究”，《金融研究》第5期，61－69.
51. 王志强，刘星，2003，“上市公司IPO盈余管理与其后期市场表现的实证分析”，《经济管理》第18期，78－81.
52. 吴小丁，王锐，王晓彦，“零售业过度竞争的理论界定及判断标准”，《财贸经济》第8期，99－103.
53. 熊维勤，孟卫东，周孝华，2006，“新股询价发行中的配售规则对IPO抑价的影响”,《中国管理学》第4期,100－107.
54. 熊熊,郭翠,张维,张永杰,2009,“中小企业贷款利率定价的计算实验方法”,《系统工程理论与实践》第12期,9－14.
55. 徐浩萍,陈欣,陈超,2009,“国有企业IPO发行折价:基于政策信号理论的解释”,《金融研究》第10期,133－149.
56. 薛健,窦超,2015,“并购重组过程中的信息泄露与财富转移”,《金融研究》第6期,189－206.
57. 俞红海,刘烨,李心丹,2013,“询价制度改革与IPO‘三高’问题——基于网下机构投资者报价的研究”,《金融研究》第10期,167－180.
58. 严小洋,2008,“IPO中的价格管制及其后果”,《北京大学学报(哲学社会科学版)》第6期,141－147.
59. 杨记军,赵昌文,2006,“定价机制、承销方式与发行成本:来自中国IPO市场的证据”,《金融研究》第5期,51－60.
60. 袁渊,张雅婕,2011,“IPO抑价之谜:机构投资者报价策略的视角”,《中国会计评论》第9期,423－444.
61. 张鸣,郭思永,2009,“大股东控制下的定向增发和财富转移——来自中国上市公司的经验证据”,《会计研究》第5期,78－86.
62. 张苏江,李心丹,俞红海,2014,“中国私募股权功能及未来发展模式探析”,《南京社会科学》第6期,23－28.
63. 张学勇,廖理,2011,“风险投资背景与公司IPO:市场表现和内在机理”,《经济研究》第6期,118－132.
64. 张维,张永杰,熊熊,2010,“计算实验金融研究”,科学出版社,北京.
65. 张小成,孟卫东,熊维勤,2009,“投资者行为对IPO抑价影响的比较研究”,《中国管理科学》第5期,175－182.
66. 张小成,孟卫东,周孝华,2011,“机构投资者异质预期对IPO抑价影响研究”,《系统工程学报》第2期,195－202.
67. 张小成,黄少安,周永生,2012,“不同发行机制下IPO抑价比较研究”,《中国管理科学》第6期,35－42.
68. 张峥,欧阳珊,2012,“发行定价制度与IPO折价”,《经济科学》第1期,

73－85.

69. 张子炜，李曜，徐莉，2012，“私募股权资本与创业板企业上市前盈余管理”，《证券市场导报》第 2 期，60－70.

70. 赵进文，李计花，2010，“中国创业板 IPO 首日超额收益研究”，《经济管理》第 9 期，120－126.

71. 郑琦，薛爽，2013，“承销商自主配售新股问题研究综述”，《首都经济贸易大学学报》第 4 期，106－116.

72. 郑志丹，张宗益，2012，“基于双边随机边界模型的新股询价效率实证度量”，《系统工程》第 3 期，16－24.

73. 周孝华，熊维勤，孟卫东，2009，“IPO 询价中的最优报价策略与净抑价”，《管理科学学报》第 4 期，129－134.

74. 周孝华，赵炜科，刘星，“我国股票发行审批制与核准制下 IPO 定价效率的比较研究”，《管理世界》第 11 期，13－18.

75. 邹斌，夏新平，2010，“中国 IPO 股价的信息含量及其上市首日的收益研究”，《管理科学》第 3 期，60－69.

76. 邹高峰，张维，徐晓婉，2012，“中国 IPO 抑价的构成及影响因素研究”，《管理科学学报》第 4 期，12－24.

77. 邹高峰，张维，熊熊，李刚，2013，“基于随机边界方法的创投支持企业的 IPO 真实发行抑价”，《系统工程》第 3 期，27－31.

78. 朱红军，钱友文，2010，“中国 IPO 高抑价之谜：‘定价效率观’还是‘租金分配观’？”，《管理世界》第 6 期，28－40.

79. Aggarwal, Reena, 2000, Stabilization Activities by Underwriters after Initial Public Offerings, *Journal of Finance* 55, 1075－1103.

80. Aggarwal, Reena, Nagpurnanand R. Prabhala, and Manju Puri, 2002, Institutional Allocation in Initial Public Offerings: Empirical Evidence, *Journal of Finance* 57, 1421－1442.

81. Babenko, Ilona, Yuri Tserlukevich, Pengcheng Wan, 2016, Is Market Timing Good for Shareholders? *Working Paper*.

82. Baker, Malcolm, and Jeffrey Wurgler, 2006, Investor Sentiment and

Cross-Section of Stock Returns, *Journal of Finance* 61, 1645 - 1680.

83. Baker, Malcolm, and Jeffrey Wurgler, 2007, Investor Sentiment in the Stock Market, *Journal of Economic Perspectives* 21, 129 - 151.

84. Baker, Malcolm, Xin Pan, and Jeffrey Wurgler, 2012, The Effect of Reference Point Prices on Mergers and Acquisitions, *Journal of Financial Economics* 106, 49 - 71.

85. Baker, Malcolm, and Jeffrey Wurgler, 2013, Dividends as Reference Points: A Behavioral Signaling Approach, *Working Paper*.

86. Barber, Brad M., Terrance Odean, Ning Zhu, 2009, Systematic Noise, *Journal of Financial Market* 12, 547 - 569.

87. Barberis, Nicholas, Ming Huang, 2008, Stocks as Lotteries: The Implications of Probability Weighting for Security Price, *American Economic Review* 98, 2066 - 2100.

88. Barry, Christopher B., Chris J. Muscarella, John W. Peavy and Michael R. Vetsuypens, 1990, The Role of Venture Capital in the Creation of Public Companies, *Journal of Financial Economics* 27, 447 - 471.

89. Beatty, Randolph P., and Jay R. Ritter, 1986, Investment Banking, Reputation, and the Underpricing of Initial Public Offerings, *Journal of Financial Economics* 15, 213 - 232.

90. Bertoni, Fabio, and Giancarlo Giudici, 2014, The Strategic Reallocation of IPO Shares, 2014, *Journal of Banking and Finance* 39, 211 - 222.

91. Bennouri, Moez, and Sonia Falconieri, 2006, Optimal Auctions with Asymmetrically Informed Bidders, *Economic Theory* 28, 585 - 602.

92. Benveniste, Lawrence M., and Paul A. Spindt, 1989, How Investment Bankers Determine the Offer Price and Allocation of New Issues, *Journal of Financial Economics* 24, 343 - 361.

93. Bharat A. Jain, and Omesh Kini, 1995, Venture Capitalist

Participation and the Post-issue Operating Performance of IPO Firms, *Managerial and Decision Economics* 16, 593 - 606.

94. Bhojraj Sanjeev, and Charles M. C. Lee, 2002, Who is My Peer? A Valuation-Based Approach to the Selection of Comparable Firms, *Journal of Accounting Research* 40, 407 - 439.
95. Biais, Bruno, Peter Bossaerts, and Jean-Charles Rochet, 2002, An Optimal IPO Mechanism,*Review of Economic Studies* 69, 117 - 146.
96. Biais, Bruno, and Anne Marie Faugeron-Crouzet, 2002, IPO Auctions: English, Dutch, ... French, and Internet, *Journal of Financial Intermediation* 11, 9 - 36.
97. Benveniste, Lawrence M. , and Paul A. Spindt, 1989, How Investment Bankers Determine the Offer Price and Allocation of New Issues, *Journal of Financial Economics* 24, 343 - 361.
98. Benveniste, Lawrence M. , and William J. Wilhelm, 1990, A Comparative Analysis of IPO Proceeds under Alternative Regulatory Environments, *Journal of Financial Economics* 28, 173 - 207.
99. Berg, Joyce E. , George R. Neumann, and Thomas A. Rietz, 2009, Searching for Google's Value: Using Prediction Markets to Forecast Market Capitalization Prior to an Initial Public Offering, *Management Science* 55, 348 - 361.
100. Bhojraj, Sanjeev, and Charles M. Lee, 2002, Who is My Peer? A Valuation-Based Approach to the Selection of Comparable Firms, *Journal of Accounting Research* 40, 407 - 444.
101. Boehmer, Beatrice, Ekkehart Boehmer, and Raymond P. H. Fishe, 2006, Do Institutions Receive Favorable Allocation in IPOs with Long-Run Return? *Journal of Financial and Quantitative Analysis* 41, 809 - 828.
102. Brav, Alon, and Paul A. Gompers, 1997, Myth or Reality? The Long-Run Under-performance of Initial Public Offerings: Evidence

from Venture and Nonventure Capital-Backed Companies, *Journal of Finance* 52, 1791 - 1821.

103. Bubna, Amit, and Nagpurnanand R. Prabhala, 2011, IPOs with and without Allocation Discretion: Empirical Evidence, *Journal of Financial Intermediation* 20, 530 - 561.

104. Buchanan, Mark, 2009, Meltdown Modeling: Could Agent-Based Computer Models Prevent another Financial Crisis? *Nature* 460, 680 - 682.

105. Bulow, Jeremy, and Paul Klemperer, 2002, Prices and Winner's Curse, *Rand Journal of Economics* 33, 1 - 21.

106. Carter, Richard, and Steven Manaster, 1990, Initial Public Offerings and Underwriter Reputation, *Journal of Finance* 45.

107. Carter, Richard B. , Frederick H. Dark, and Ajai K. Singh, 1998, Underwriter Reputation, Initial Returns, and the Long-Run Performance of IPO Stocks, *Journal of Finance* 53, 285 - 311.

108. Cen, Ling, Hai Lu, and Liyan Yang, 2013, Investor Sentiment, Disagreement and Return Predictability of Ownership Breadth, *Management Science* 59, 1076 - 1091.

109. Chang, Hsiu-Hua, Anlin Chen, Lanfeng Kao, and Chin-Shun Wu, 2014, IPO Price Discovery Efficiency under Alternative Regulatory Constraints: Taiwan, Hong Kong and the U. S. , *International Review of Economics and Finance* 29, 83 - 96.

110. Chiang, Yao-Min, Yiming Qian, and Ann E. Sherman, 2010, Endogenous Entry and Partial Adjustment in IPO Auctions: Are Institutional Investors Better Informed? *Review of Financial Studies* 23, 1200 - 1230.

111. Chemmanur, Thomas J. , and Mark H. Liu, 2006, How Should a Firm Go Public? A Dynamic Model of the Choice between Fixed-Price Offerings and Auctions in IPOs and Privatizations, *Working*

*Paper*.

112. Chemmanur, Thomas J. , Gang Hu, and Jiekun Huang, 2010, The Role of Institutional Investors in Initial Public Offering, *Review of Financial Studies* 23, 4490 - 4540.

113. Christise W. G. , and P. H. Schultz, 1994a, Why do NASDAQ Market Makers Avoid Odd-Eighth Quotes? *Journal of Finance* 49, 1813 - 1840.

114. Christise W. G. , J. H. Harris, and P. H. Schultz, 1994b, Why did NASDAQ Market Makers Stop Avoiding Odd-Eighth Quotes? *Journal of Finance* 49, 1841 - 1860.

115. Cook, Douglas O. , Robert Kieschnick, and Robert A. Van Ness, 2006, On the Marketing of IPOs, *Journal of Financial Economics* 82, 35 - 61.

116. Cornelli, Francesca, and David Goldreich, 2001, Bookbuilding and Strategic Allocation, *Journal of Finance* 56, 2337 - 2369.

117. Cornelli, Francesca, and David Goldreich, 2003, Bookbuilding: How Informative is the Order Book? *Journal of Finance* 58, 1415 - 1443.

118. Da, Zhi, Joseph Engelberg, and Pengjie Gao, 2011, In Search of Attention, *Journal of Finance* 66, 1461 - 1499.

119. Dechow Patricia M. , Richard G. Sloan, and Amy P. Sweeney, 1995, Detecting Earnings Management, *The Accounting Review* 70, 193 - 225.

120. Deither K B. , Christopher J. M. , Scherbina A, 2002, Differences of Opinion and the Cross Section of Stock Returns, *Journal of Finance* 57, 2113 - 2141.

121. Degeorge, Francois, Francois Derrien, and Kent L. Womack, 2007, Analyst Hype in IPOs: Explaining the Popularity of Bookbuilding, *Review of Financial Studies* 20, 1021 - 1058.

122. Degeorge, Francois, Francois Derrien, and Kent L. Womack, 2010, Auctioned IPOs: The US Evidence, *Journal of Financial Economics* 98, 177 - 194.

123. De Long, Bradford, Andrei Shleifer, Lawrence H. Summers, and Robert Waldmann, 1990, Positive Feedback Investment Strategies and Destabilizing Rational Speculation, *Journal of Finance* 45, 379 - 395.

124. Derrien, Francois, and Kent L. Wormack, 2003, Auctions vs Bookbuilding and the Control of Underpricing in Hot IPO Markets, *Review of Financial Studies* 16, 31 - 61.

125. Derrien, Francois, 2005, IPO Pricing in "Hot" Market Conditions: Who Leaves Money on the Table? *Journal of Finance* 60, 487 - 521.

126. Dorn, Daniel, 2009, Does Sentiment Drive the Retail Demand for IPOs? *Journal of Financial and Quantitative Analysis* 44, 85 - 108.

127. Eberhart Allan C., Siddique Akhtar, 2015, The Long-Term Performance of Corporate Bonds (and Stocks) Following Seasoned Equity Offerings, *Review of Financial Studies* 15, 1385 - 1406.

128. Elllis, Katrina, 2006, Who Trades IPOs? A Close Look at the First Days of Trading, *Journal of Financial Economics* 79, 339 - 363.

129. Farmer, Doyne J., and Duncan Foley, 2009, The Economy Needs Agent-Based Modeling, *Nature* 460, 685 - 686.

130. Ferris, Stephen P., Qing Hao, and Ming-Yu Liao, 2012, The Effect of Issuer Conservatism on IPO Pricing and Performance, *Review of Finance* 16, 1 - 35.

131. Field, Laura Casares, and Michelle Lowry, 2009, Institutional Versus Individual Investment in IPOs: The Importance of Firm Fundamentals, *Journal of Financial and Quantitative Analysis* 44,

489 - 516.

132. Francis, Bill B., and Iftekhar Hasan, 2001, The Underpricing of Venture and Nonventure Capital IPOs: An Empirical Investigation, *Journal of Financial Services Research* 19.

133. Gao, Yan, 2010, What Comprises IPO Initial Returns: Evidence from the Chinese Market, *Pacific-Basin Finance Journal* 18, 77 - 89.

134. Geranio, Manuela, Camilla Mazzoli, and Fabrizio Palmucci, 2012, Conflicts of Interest in IPO Pricing, *Working Paper*.

135. Goldstein, Michael A., Paul Irvine, and Andy Puckett, 2011, Purchasing IPOs with Commissions, *Journal of Financial and Quantitative Analysis* 46, 1193 - 1225.

136. Gompers Paul, 1996, Grandstanding in the Venture Capital Industry, *Journal of Financial Economics* 42, 133 - 156.

137. Gompers, Paul A., and Josh Lerner, 1998, Venture Capital Distributions: Short-Run and Long-Run Reactions, *Journal of Finance* 53, 2161 - 2183.

138. Green, Clifton T., and Byong-Hyoun Hwang, 2012, IPOs as Lotteries: Skewness Preference and First-Day Returns, *Management Science* 58, 432 - 444.

139. Guo, Haifeng, and Hung-Gay Fung, 2011, Growth Enterprise Board Initial Public Offerings: Characteristics, Volatility and the Initial-day Performance, *China & World Economy* 19, 106 - 121.

140. Hamao, Yasushi, Frank Packer, and Jay R. Ritter, 2000, Institutional Affiliation and the Role of Venture Capital: Evidence from Initial Public Offerings in Japan, *Pacific-Basin Finance Journal* 8, 529 - 558.

141. Hanley, Kathleen W., 1993, The Underpricing of Initial Public Offerings and the Partial Adjustment Phenomenon, *Journal of*

*Financial Economics* 34, 231 - 250.

142. Hanley, Kathleen W. , and William J. Wilhelm, 1995, Evidence on the Strategic Allocation of Initial Public Offerings, *Journal of Financial Economics* 37, 239 - 257.

143. Hao, Xiangchao, Jing Shi, and Jian Yang, 2013, The Differential Impact of the Bank-Firm Relationship on IPO Underpricing: Evidence from China, *Working Paper*.

144. Harrison, J. Michael, David Kreps, 1978, Speculative Investor Behavior in a Stock Market with Heterogeneous Expectations, *Quarterly Journal of Economics* 92, 323 - 336.

145. Hong, Hyun A. , Mingyi Hung, and Gerald Lobo, 2017, The Impact of Mandatory IFRS Adoption on IPOs in Global Capital Markets, *Accounting Review* 89, 1365 - 1397.

146. Hong, Harrison, and Jeremy C. Stein, 2007, Disagreement and the Stock Market, *Journal of Economic Perspectives* 21, 109 - 128.

147. Hunt-McCool, J. , S. C. Koh, and B. B. Francis, 1996, Testing for Deliberate Underpricing in the IPO Premarket: A Stochastic Frontier Approach, *Review of Financial Studies* 9, 1251 - 1269.

148. Jagannathan, Ravi, Andrei Jirnyi, and Ann Sherman, 2010, Why Don't Issuers Choose IPO Auctions? The Complexity of Indirect Mechanisms, *NBER Working Paper*.

149. Jenkinson, Tim, and Howard Jones, 2004, Bids and Allocations in European IPO Bookbuilding, *Journal of Finance* 59, 2309 - 2338.

150. Jenkinson, Tim, and Howard Jones, 2009, IPO Pricing and Allocation: A Survey of the Views of Institutional Investors, *Review of Financial Studies* 22, 1477 - 1504.

151. Johnson, William C. , and Jennifer Marietta-Westberg, 2009, Universal Banking, Asset Management, and Stock Underwriting, *European Financial Management* 15, 1 - 30.

152. Kandel, Shmuel, Oded Sarig, and Avi Wohl, 1999, The Demand for Stocks: An Analysis of IPO Auctions, *Review of Financial Studies* 12, 227 - 247.

153. Kaniel, Ron, Gideon Saar, and Sheridan Titman, 2008, Individual Investor Trading and Stock Returns, *Journal of Finance* 63, 273 - 310.

154. Khurshed, Arif, Stefano Paleari, Alok Pande, and Silvio Vismara, 2014, Transparent Bookbuilding, Certification and Initial Public Offerings, *Journal of Financial Markets* 19, 154 - 169.

155. Kumar, Alok, and Charles M. C. Lee, 2006, Retail Investor Sentiment and Return Comovements, *Journal of Finance* 61, 2451 - 2486.

156. Kumbhakar, Subal C., and Parmeter Christopher, 2009, The Effect of Bargaining on Market Outcomes: Evidence from Buyer and Seller Specific Estimates, *Journal of Productivity Analysis* 31, 1 - 14.

157. Kutsuna, Kenji, and Richard Smith, 2004, Why Does Bookbuilding Drive out Auction Methods of IPO Issuance? Evidence from Japan, *Review of Financial Studies* 17, 1129 - 1166.

158. Lee, Peggy M., and Sunil Wahal, 2004, Grandstanding, Certification and the Underpricing of Venture Capital Backed IPOs, *Journal of Financial Economics* 73, 375 - 407.

159. Lin, Ji-Chai, Yi-Tsung Lee, and Yu-Jane Liu, 2007, IPO Auctions and Private Information, *Journal of Banking and Finance* 31, 1483 - 1500.

160. Liu, Xiaodong, and Jay R. Ritter, 2010, The Economic Consequences of IPO Spinning, *Review of Financial Studies* 23, 2024 - 2059.

161. Liu, Yu-Jane, John K. C. Wei, and Gwohorng Liaw, 2001, On the Demand Elasticity of Initial Public Offerings: An Analysis of

Discriminatory Auctions, *International Review of Finance* 2, 151 - 178.

162. Ljungqvist, Alexander, William J. Wilhelm, 2002, IPO Allocations: Discriminatory or Discretionary? *Journal of Financial Economics* 65, 167 - 201.

163. Ljungqvist, Alexander, Tim Jenkinson, and William J. Wilhelm, 2003, Global Integration in Primary Equity Markets: The Role of U. S. Banks and U. S. Investors, *Review of Financial Studies* 16, 63 - 99.

164. Ljungqvist, Alexander, Vikram Nanda, and Rajdeep Singh, 2006, Hot Markets, Investor Sentiment and IPO Pricing, *Journal of Business* 79, 1667 - 1702.

165. Ljungqvist, Alexander, 2007, IPO Underpricing, *Handbook of Corporate Finance* (Edited by B. Espend Eckbo), North-Holland.

166. Loughran, Tim, Jay R. Ritter, and Kristian Rydqvist, 1994, Initial Public Offerings: International Insights, *Pacific-Basic Finance Journal* 2, 165 - 199.

167. Loughran, Tim, and Jay R. Ritter, 2002, Why Don't Issuers Get Upset about Leaving Money on the Table in IPOs? *Review of Financial Studies* 15, 413 - 443.

168. Loughran, Tim, and Jay R. Ritter, 2004, Why Has IPO Underpricing Changed over Time? *Financial Management* 33, 5 - 37.

169. Loughran, Tim, and Bill McDonald, 2013, IPO First-Day Returns, Offer Price Revisions, Volatility, and Form S - 1 Language, *Journal of Financial Economics* 109, 307 - 326.

170. Lowry, Michelle, and G. William Schwert, 2004, Is the IPO Pricing Process Efficient? *Journal of Financial Economics* 71, 3 - 26.

171. Lowry, Michelle, Micah S. Officer, and G. William Schwert, 2010,

The Variability of IPO Initial Returns, *Journal of Finance* 65, 425 - 465.

172. Megginson, William L., and Kathleen A. Weiss. Venture Capitalist Certification in Initial Public Offerings, *Journal of Finance*, 1991, 46.
173. Miller E., 1977, Risk, uncertainty, and divergence of opinion, *Journal of Finance* 32, 1151 - 1168.
174. Mooney, Tim, 2013, Investment Banks and Their Affiliated Mutual Funds: International Evidence from IPO Allocations, *Working Paper*.
175. Neupane, Suman, and Sunil S. Poshakwale, 2012, Transparency in IPO Mechanism: Retail Investor' Participation, IPO Pricing and Returns, *Journal of Banking and Finance* 36, 2046 - 2076.
176. Nimalendran, M., Jay R. Ritter, and Donghang Zhang, 2007, Do Today's Trades Affect Tomorrow's IPO Allocations? *Journal of Financial Economics* 84, 87 - 109.
177. Panzarasa, Pietro, Nicholas R. Jennings, and Timothy J. Norman, 2001, Going Public and the Sale of Shares with Heterogeneous Investors: Agent-Based Computational Modeling and Computer Simulations, *Working Paper*.
178. Parlour, Christine A., and Uday Rajan, 2005, Rationing in IPOs, *Review of Finance* 9, 33 - 63.
179. Pettway. Richard H., Satish Thosar, and Scott Walker, 2008, Auctions versus Book-Built IPOs in Japan: A Comparison of Aftermarket Volatility, *Pacific-Basin Finance Journal* 16, 224 - 235.
180. Piotroski, Joseph D., and Tianyu Zhang, 2014, Politicians and the IPO Decisions: The Impact of Impending Political Promotions on IPO Activity in China, *Journal of Financial Economics* 111,

111 - 136.

181. Purnanandam, Amiyatosh K., and Bhaskaran Swaminathan, 2004, Are IPOs Really Underpriced? *Review of Financial Studies* 17, 811 - 848.

182. Reuter, Jonathan, 2006, Are IPO Allocation for Sales? Evidence from Mutual Funds, *Journal of Finance* 61, 2289 - 2324.

183. Ritter, Jay R., 1991, The Long-Run Performance of Initial Public Offerings, *Journal of Finance* 46, 3 - 27.

184. Ritter, Jay R., and Ivo Welch, 2002, A Review of IPO Activity, Pricing and Allocations, *Journal of Finance* 57, 1795 - 1828.

185. Ritter, Jay R., and Donghang Zhang, 2007, Affiliated Mutual Funds and the Allocations of Initial Public Offerings, *Journal of Financial Economics* 86, 337 - 368.

186. Rocholl, Jorg, 2009, A Friend in Need is A Friend Indeed: Allocation and Demand in IPO Bookbuilding, *Journal of Financial Intermediation* 18, 284 - 310.

187. Roll, Richard, and Avanidhar Subrahmanyam, 2012, Liquidity Skewness, *Journal of Banking and Finance* 34, 2562 - 2571.

188. Scheinkman J, Xiong W, 2003, Overconfidence and Speculative Bubbles, *Journal of Political Economy* 111, 1183 - 1220.

189. Shen, Zhe, Jerry Coakley, and Norvald Instefjord, 2013, Investor Participation and Underpricing in Lottery-Allocated Chinese IPOs, *Pacific-Basin Finance Journal* 25, 294 - 314.

190. Sherman, E. Ann, 2000, IPOs and Long-Term Relationships: An Advantage of Book Building, *Review of Financial Studies* 13, 697 - 714.

191. Sherman, E. Ann, and Sheridan Titman, 2002, Building the IPO Order Book: Underpricing and Participation Limits with Costly Information, *Journal of Financial Economics* 65, 3 - 29.

192. Sherman, E. Ann, 2005, Global Trends in IPOs Methods: Book Building versus Auctions with Endogenous Entry, *Journal of Financial Economics* 78, 615 - 649.

193. Sloan Richard G., You Haifeng, 2015, Wealth Transfers via Equity Transactions, *Journal of Financial Economics* 118, 93 - 112.

194. Song, Shunlin, Jinsong Tan, and Yang Yi, 2014, IPO Initial Returns in China: Underpricing or Overvaluation, *Journal of Accounting Research* 7, 31 - 49.

195. Spatt, Chester, and Sanjay Srivastava, 1991, Preplay Communication, Participation Restrictions, and Efficiency in Initial Public Offerings, *Review of Financial Studies* 4, 709 - 726.

196. Terry L. Campbell, and Melissa B. Frye, 2009, Venture Capitalist Monitoring: Evidence from Governance Structures, *The Quarterly Review of Economics and Finance* 49.

197. Thomas Hartmann-Wendels, 2009, Adverse Selection, Investor Experience and Security Choice in Venture Capital Finance: Evidence from Germany, *European Financial Management* 17.

198. Tian, L. H., 2011, Regulatory Underpricing: Determinants of Chinese Extreme IPO Returns, *Journal of Empirical Finance* 18, 78 - 90.

199. Wang, Changyun, 2005, Ownership and Operating Performance of Chinese IPOs, *Journal of Banking and Finance* 29, 1835 - 1856.

200. Zhang, Yongjie, and Wei Zhang, 2007, Can Irrational Investors Survive? A Social-computing Perspective, *IEEE Intelligent System* 22, 58 - 64.